FORUM WIRTSCHAFT 9

Stefan Sebastian Fahrländer

Hedonische Immobilienbewertung

Eine empirische
Untersuchung der
Schweizer Märkte
für Wohneigentum
1985 bis 2005

m press »

Martin Meidenbauer Verlagsbuchhandlung

Inauguraldissertation zur Erlangung der Würde eines Doctor rerum oeconomicarum der Wirtschafts- und Sozialwissenschaftlichen Fakultät der Universität Bern.

Die Fakultät hat diese Arbeit von Stefan Sebastian Fahrländer am 22. Juni 2006 auf Antrag der beiden Gutachter Prof. Dr. Robert E. Leu und Prof. Dr. Klaus Neusser als Dissertation angenommen, ohne damit zu den darin ausgesprochenen Auffassungen Stellung nehmen zu wollen.

Die Deutsche Bibliothek verzeichnet diese Publikation in der Deutschen Nationalbibliografie; detaillierte bibliografische Daten sind im Internet über http://dnb.ddb.de abrufbar.

Printed in Germany

Gedruckt auf
chlorfrei gebleichtem, säurefreiem und alterungsbeständigem Papier (ISO 9706)

m-press ist ein Imprint der
Martin Meidenbauer Verlagsbuchhandlung

ISBN 978-3-89975-623-4

Verlagsverzeichnis schickt gern:
Martin Meidenbauer Verlagsbuchhandlung
Erhardtstr. 8
D-80469 München

www.m-verlag.net

Vorwort

Als erstes danke ich meinen akademischen Lehrern, Robert E. Leu und Klaus Neusser. Sie beide haben meine Arbeit jederzeit durch ihr Interesse, durch kritische Fragen und Kommentare, sowie durch wertvolle Hinweise unterstützt. Ihnen verdanke ich es auch, dass ich immer wieder die Prioritäten überprüft und neu fokussiert habe.

Ein weiterer Dank geht an die Dozenten des Nachdiplomkurses in angewandter Statistik der ETH Zürich, insbesondere an Martin Mächler, Andreas Ruckstuhl sowie Werner A. Stahel, deren Vorlesungen und Übungen von grösstem Nutzen sind.

Empirische Forschungen sind nur möglich, wenn die notwendigen Daten verfügbar sind. Ein grosser Dank geht deshalb an diejenigen Firmen, die Daten von Immobilientransaktionen zur Verfügung gestellt haben: Alternative Bank Schweiz, Banque Cantonale Vaudoise, Helvetia Patria Versicherungsgesellschaft, Luzerner Kantonalbank, Thurgauer Kantonalbank, UBS, Zürcher Kantonalbank sowie Zürich Versicherungsgesellschaft. Es ist mir ein Anliegen, als Exponenten dieser Firmen folgenden Personen namentlich zu danken: Hans-Rudolf Aebi, Thomas Bieri, Stefan Bürgi, Rolf Günter, Philipp Halbherr, Rolf Niederberger, Joe Rickenbacher, Marco Salvi, Daniel Sarbach, Patrick Schellenbauer, Yvan Schmidt, Eric Schneider, Manfred Stieger, Henry Sturzenegger, Hans-Ulrich Tschirren sowie Michael Wolf.

Auch den diversen Institutionen, die andere Daten zur Verfügung gestellt haben sei ebenfalls bestens gedankt: Bundesamt für Statistik, Credit Suisse Economic Research, Die Schweizerische Post, Eidgenössische Steuerverwaltung, Hauseigentümerverband Schweiz, Institut für Verkehrsplanung und Transportsysteme der ETH Zürich, verschiedene kantonale Ämter.

Weiter danke ich Urs Alpstäg, Jörg Baumberger, René Bosshard, Ulrich Braun, Christoph Enzler, Andrea Fahrländer Dia, Carlo Fahrländer, Urs Hausmann, Walter Hess, Martin Hofer, Sancho Igual, Pascal Marazzi - de Lima, Michael Marti, Dominik Matter, Jürg Mosimann, Barbla Schmid, Hanspeter Steiger, Dominik Weiss, Andreas Wirz und Hannes Wüest sowie allen anderen, die einige Ihrer Erfahrungen mit mir geteilt haben.

Ein grosser Dank geht an meine Familie, insbesondere an Dicle.

Gliederung

Abbildungsverzeichnis

Tabellenverzeichnis

Abkürzungsverzeichnis

ARE	Bundesamt für Raumentwicklung
AZ	Ausnützungsziffer
BAK	Bundesamt für Kultur
BewG	Bundesgesetz über den Grundstückserwerb durch Personen im Ausland
BewV	Verordnung über den Grundstückserwerb durch Personen im Ausland
BFS	Bundesamt für Statistik
BGE	Entscheid des Schweizerischen Bundesgerichts
BGF	Bruttogeschossfläche
BJ	Bundesamt für Justiz
BLUE	Best linear unbiased estimator; bester linearer erwartungstreuer Schätzer
BNO	Bau- und Nutzungsordnung (vgl. auch BZO)
BPUK	Schweizerische Bau-, Planungs- und Umweltdirektorenkonferenz
BWO	Bundesamt für Wohnungswesen
BZ	Baumassenziffer
BZO	Bau- und Zonenordnung
c.p.	ceteris paribus; unter sonst gleichen Bedingungen
DCF	Discounted Cashflow; abdiskontierte Erträge
EBK	Eidgenössische Bankenkommission
edf	Estimated degrees of freedom; geschätzte Zahl der Freiheitsgrade
EFH	Einfamilienhaus
ESPOP	Jährliche Bevölkerungsfortschreibung des BFS
EWG	Eigentumswohnung
FG	Freiheitsgrade
Forts.	Fortsetzung
GF	Geschossfläche
GIS	Geographisches Informationssystem
GSF	Grundstücksfläche
GVA	Kantonale Gebäudeversicherungsanstalt
HEV	Hauseigentümerverband
HNF	Hauptnutzfläche
IAZI	Informations- und Ausbildungszentrum für Immobilien

IF	Influence function; Einflussfunktion
ISOS	Inventar der schützenswerten Ortsbilder der Schweiz
MAD	Median absolute deviation; Median der Absolutwerte der Differenzen vom Median
MAV	Median absolute values; Median der Absolutwerte der Residuen
MDS	Multidimensionale Skalierung
MED	Median
MFH	Mehrfamilienhaus
MIV	Motorisierter Individualverkehr
MS	Region nach dem Modell „mobilité spatiale", wonach die Schweiz in 106 möglichst homogene Regionen gegliedert wird
MW	Arithmetisches Mittel
NNF	Nebennutzfläche
n.s.	Aus statistischer Sicht nicht signifikant verschieden von Null
NWF	Nettowohnfläche
oBV	Oberirdisches Bauvolumen
OLS	Ordinary Least Squares; Methode der kleinsten Quadrate
öV	Öffentlicher Personenverkehr
p.a.	per annum; pro Jahr
PBG	Planungs- und Baugesetz
PLZ	Postleitzahl
Q.	Quartal
RPG	Raumplanungsgesetz
R²	Statistisches Bestimmtheitsmass
SC	Sensitivity curve; empirische Einflussfunktion
SD	Standardabweichung
SE	Standardfehler
SEK/SVIT	Schweizerische Schätzungsexperten-Kammer
SIA	Schweizerischer Ingenieur- und Architektenverein
SIA 116	Flächen- und Volumendefinitionen gemäss der SIA Norm 116
SIA 416	Flächen- und Volumendefinitionen gemäss der SIA Norm 416
SIV	Schweizerischer Immobilienschätzer-Verband
SNB	Schweizerische Nationalbank

SR	Systematische Sammlung des Bundesrechts
SSR	Summe der quadrierten Residuen
SVIT	Schweizerischer Verband der Immobilienwirtschaft
SVKG	Schweizerische Vereinigung kantonaler Grundstück-Bewertungsexperten
Swisstopo	Bundesamt für Landestopografie
VZ	Eidgenössische Volkszählung
WEG	Wohnbau- und Eigentumsförderungsgesetz
WFG	Wohnraumförderungsgesetz
WZ	Gebäude- und Wohnungserhebung im Rahmen der Eidgenössischen Volkszählung

1. Einleitung

1.1 Thematik und inhaltliche Abgrenzungen

Wohnen ist eines der zentralen Themen der Schweizer Haushalte und der Traum von einem Eigenheim ist weit verbreitet. Die vergangenen 10 bis 15 Jahre standen in der Schweiz im Zeichen des Wohneigentums und die Wohnbautätigkeit konzentrierte sich in dieser Zeit stark auf diesen Bereich. Insbesondere in den jüngsten Jahren, die durch – im historischen Vergleich – sehr geringe Fremdfinanzierungskosten geprägt sind, hat Wohneigentum einen eigentlichen Boom erlebt.

Trotzdem ist die Schweiz im europäischen Vergleich nach wie vor ein Mieterland und weist im Jahr 2000 mit 34.6% (BFS 2005a) eine deutlich geringere Wohneigentumsquote als die meisten umliegenden Länder auf.[1] Dies, obschon die Wohneigentumsförderung ein Verfassungsziel ist (SR 101, Art. 108, Abs. 1): „Der Bund fördert den Wohnungsbau, den Erwerb von Wohnungs- und Hauseigentum, das dem Eigenbedarf Privater dient, sowie die Tätigkeit von Trägern und Organisationen des gemeinnützigen Wohnungsbaus." Insbesondere in den 1950er und 1960er Jahren, wohl auch als Folge der starken Immigration von Arbeitskräften, ist die Wohneigentumsquote von 37% (1950) auf 29% (1970) gesunken (vgl. Behring und Helbrecht 2002, S. 107). Seither ist die Quote wieder kontinuierlich angestiegen.

Im Zentrum der vorliegenden Analyse stehen Objekte im Wohneigentum, also Einfamilienhäuser (EFH) und Eigentumswohnungen (EWG), wobei neben Erstwohnungen auch Zweit- und Ferienwohnungen betrachtet werden.[2]

---

[1] Z.B. Deutschland: 41% (1998); Frankreich: 54% (1996); Österreich: 56% (1998); Italien: 68% (1991); Irland: 79% (1991); Spanien: 81% (1999). Vgl. Behring und Helbrecht (2002), S. 30.

[2] EFH werden primär im Allein- oder Miteigentum gehalten, seltener auch im horizontalen Stockwerkeigentum. Unter die EWG fallen mehrheitlich Objekte im vertikalen Stockwerkeigentum, typischerweise Etagenwohnungen in einem MFH, aber auch Terrassenwohnungen und andere spezielle Formen. Daneben existieren immer auch Mischformen und Spezialfälle, wie beispielsweise ein EFH, das noch eine kleine Einliegerwohnung, ein Studio oder ein Büro respektive einen Gewerbeteil enthält. In Mode ist auch die Umnutzung von ehemaligen Bauernhäusern zu Einfamilienhäusern sowie Eigentumswohnungen. Zu den Eigentumsformen vgl. SR 210, Art. 641, 646 sowie 712a. Das Stockwerkeigentum wurde in der Schweiz im Jahr 1965 eingeführt.

Nicht Gegenstand der vorliegenden Arbeit sind die Mietwohnungsmärkte.

Die Arbeit basiert auf gut beschriebenen Transaktionspreisen von
Objekten im Wohneigentum aus dem Zeitraum 1985 bis Sommer 2005.
Auf dieser Grundlage werden hedonische Modelle geschätzt und daraus
Indizes zur Analyse der Wertentwicklung von EFH und EWG konstruiert. Leider sind keine grenzüberschreitenden Analysen möglich,
denn Beobachtungen aus den an die Schweiz angrenzenden Regionen
sind nicht verfügbar.

Bei der Konzeption der Arbeit wird darauf Wert gelegt, dass so weit als
möglich auf die Transaktionsdaten abgestellt wird und keine bzw. nur
sehr wenige andere Daten in die statistischen Modelle einfliessen. So
kann sichergestellt werden, dass die Marktwerte und Indizes als erklärende Variablen für andere Studien verwendet werden können, ohne
dass Zirkelschlüsse entstehen und beispielsweise die regionale wirtschaftliche Dynamik − als Zielgrösse − durch die regionale wirtschaftliche Dynamik − als Inputgrösse − erklärt würde.

1.2 Zielsetzungen

Die regionale Entwicklung der Schweiz und damit auch das Thema
Immobilien weist eine starke Dynamik auf. Der regionale Aspekt ist bei
der Immobilienbewertung absolut zentral, so dass bei der Analyse der
Märkte eine grosse Fülle von Facetten zu berücksichtigen ist.

Im Zentrum dieser Arbeit steht aber weniger ein Modell zur Erklärung
aller − regional zu differenzierenden − angebots- und nachfrageseitigen
Wirkungszusammenhänge und die empirische Darstellung derselben,
sondern vielmehr die ökonometrische Analyse der Immobilienpreise
selbst. Diese sollen als Grundlage für weiterführende Forschungen und
Analysen dienen können.

Drei Kernfragen stehen im Rahmen dieser Arbeit im Zentrum:

1. Welches hedonische Modell zur Schätzung von Preisgleichungen für
   EWG und EFH ist bei einem gegebenen Set von erklärenden
   Variablen das Beste?
2. Wie können die Preisniveaus von Ortschaften und Stadtkreisen
   flächendeckend hergeleitet werden?
3. Wie haben sich die Preise von Wohneigentumsimmobilien regional
   und qualitativ differenziert entwickelt?

Kapitel 1.3 gibt einen Überblick über die Vorgehensweise zur Beantwortung dieser zentralen Fragen.

1.3 Aufbau der Arbeit

In einem ersten Schritt (Kapitel 2.1 und 2.2) werden wichtige Rahmenbedingungen der Immobilienmärkte skizziert, wobei insbesondere den regulativen Aspekten eine zentrale Rolle zukommt.

Weiter gilt es, die wichtigsten klassischen Immobilienbewertungsmethoden vorzustellen, da hierzu unterschiedliche Konzepte und Modelle verwendet werden (Kapitel 2.3).

Der empirische Teil basiert auf einer statistisch fundierten Vergleichswertmethode – der so genannten hedonischen Methode – wobei die impliziten Preise der Eigenschaften von Immobilien anhand statistischer Regressionsmodelle geschätzt werden. Die Kernelemente dieser Methode und die Mechanismen der Preisbildung sind Gegenstand der Kapitel 2.4 und 2.5.

Weltweit und insbesondere auch in der Schweiz besteht bereits eine umfangreiche Literatur zu hedonischen Modellen, wobei viele Studien die Wohneigentumsmärkte zum Gegenstand haben. Durch Aufarbeitung zentraler Erkenntnisse aus der Literatur kann der Weg verkürzt werden, indem von den Erkenntnissen anderer profitiert wird (Kapitel 3).

Für den empirischen Teil (Kapitel 4 bis 8) stehen effektiv erzielte Marktpreise aus rund 130'000 Freihandtransaktionen zur Verfügung.[3]

Obschon in der Literatur eine grosse Zahl von erklärenden Variablen diskutiert wird, wird in der vorliegenden Arbeit eine fixe Zahl von objektspezifischen Informationen verwendet. Dies, weil die Daten bereits erhoben sind. Diese müssen zunächst beschrieben, analysiert und bereinigt werden (Kapitel 4).

In einem ersten Schritt werden möglichst aussagekräftige hedonische Modelle sowohl für EFH als auch für EWG für das Jahr 2004 geschätzt, wobei der Fokus auf der Erklärung der Preise von nicht durchschnittlichen Objekten liegt (Kapitel 5). Dieser Fokus ist insofern sinnvoll, da die Preisniveaus der einzelnen Ortschaften direkt aus den Daten

---

[3] Es werden ausschliesslich Freihandtransaktionen betrachtet, nicht aber Transaktionen mit Gegengeschäften, Erbschaften, Notverkäufe und Verwertungen etc.

geschätzt werden und somit die Schätzfehler für durchschnittliche Objekte in jeder untersuchten Ortschaft sehr nahe bei Null sind.

Da für viele Schweizer Ortschaften nur sehr wenige oder gar keine Beobachtungen vorliegen, wird ein einfaches Modell gesucht, mit dem die Preisniveaus für sämtliche Schweizer Ortschaften generalisiert werden können. Es wird ein logisches, einfaches Modell basierend auf Fahrzeitenmatrizen vorgeschlagen, geschätzt und überprüft (Kapitel 6).

Gegenstand von Kapitel 7 ist die Frage, wie Indizes über die Wertentwicklung von Objekten im Wohneigentum konstruiert sein müssen. Dazu werden die zwei wichtigsten Methoden – direkte und indirekte Indexkonstruktion – anhand von theoretischen Überlegungen sowie mittels einer Simulation untersucht und die Probleme der Methoden dargestellt (Kapitel 7.1 und 7.2). Basierend auf diesen Erkenntnissen werden jährliche Gleichungen für EWG und EFH über den Zeitraum 1985 bis Sommer 2005 geschätzt und analysiert (7.3 bis 7.5).

Die vorgeschlagene indirekte Indexkonstruktion ermöglicht es, beinahe beliebig viele Wertindizes für unterschiedlich spezifizierte Objekte im Wohneigentum in allen Schweizer Regionen zu konstruieren. Diese werden mittels Karten visualisiert um Unterschiede bei der regionalen Wertentwicklung von Objekten im Wohneigentum aufzuzeigen (Kapitel 8).

Die Arbeit wird mit einer konzentrierten Darstellung der Schlussfolgerungen und einem Ausblick über wichtige Themen für die zukünftige Forschung abgeschlossen (Kapitel 9).

2. Grundlagen

2.1 Einleitung

Nach wie vor sind Hypotheken für die Schweizer Banken ein Kerngeschäft, für viele Banken **das** Kerngeschäft. Neben den Banken vergeben auch der Bund, die öffentlichen Unternehmen, Pensionskassen sowie Versicherungen Hypothekarkredite. Der Anteil der Nichtbanken am Hypothekarbestand liegt allerdings bei nur rund 9 Prozent (SNB 2005, S. 11). Obwohl der Hypothekaranteil der Grossbanken gemessen an ihrer Bilanzsumme vergleichsweise klein ist, sind diese nach den Kantonalbanken die zweitgrössten Hypothekargeber der Schweiz (vgl. Tab. 2.1).

	Anzahl Banken	Bilanzsumme (Mio. CHF)	Hypothekar-forderungen (Mio. CHF)	Hypotheken / Bilanzsumme
Kantonal-banken	24	314'331	203'257	64.7%
Grossbanken	3	1'643'506	198'896	12.1%
Regional-banken und Sparkassen	83	81'492	64'119	78.7%
Raiffeisen-banken	1	106'098	79'472	74.9%
Übrige	227	345'341	41'616	12.1%
Alle Banken	*338*	*2'490'768*	*587'360*	*23.6%*

Tabelle 2.1: Hypothekarforderungen 2004
Quelle: SNB (2005), eigene Berechnungen. Forderungen der Schweizer Banken gegenüber dem Inland, Dezember 2004.

Aber auch für die Schweizer Volkswirtschaft als Ganzes stellen die Immobilienbestände ein gewaltiges Asset dar. Per Ende 2004 beläuft sich der Schweizer Wohnungsbestand auf rund 3.71 Mio. Einheiten, wobei fast drei Viertel aller Wohnungen privaten Haushalten gehören (BFS 2005a). Rund die Hälfte davon sind Mietwohnungen sowie jeweils je ein Viertel selbst genutzte Einfamilienhäuser und Eigentumswohnungen (BWO und BFS 2005, BFS 2005a, eigene Berechnungen).
Gemäss Schätzungen von Hoesli, Gacem und Bender (1993) beläuft sich der Wert der Schweizer Wohnimmobilien im Jahr 1990 auf 577 Mrd.

CHF bis 681 Mrd. CHF, wobei sie einen Wert von 650 Mrd. CHF als wahrscheinlich erachten (Wohnungsbestand: 3'160'129 Einheiten). Gemäss eigenen, vorsichtigen Hochrechnungen dürfte sich der Wert des Schweizer Wohnungsbestandes per Ende 2004 auf rund 1'360 Mrd. CHF belaufen, der Wert des Wohneigentums auf rund 867 Mrd. CHF (vgl. Tab. 2.2). Als Gründe für die Verdoppelung des Marktwertes des Schweizer Wohnimmobilien-Portefeuilles sind neben der Nettobautätigkeit von rund 550'000 Wohnungen insbesondere die generelle Zunahme der Wohnungsgrössen sowie der starke Trend hin zu – im Vergleich zu Mietwohnungen teurerem – Wohneigentum zu nennen.

	Anzahl Einheiten	Approximativer mittlerer Wert	Approximativer Marktwert
Mietwohnungen	1'975'000	250'000 CHF	494 Mrd. CHF
Eigentumswohnungen	870'000	450'000 CHF	392 Mrd. CHF
Einfamilienhäuser	865'000	550'000 CHF	475 Mrd. CHF
Total	3'710'000	367'000 CHF	1'360 Mrd. CHF

Tabelle 2.2: Wert des Schweizer Wohnungsbestandes 2004
Quelle: BFS, eigene Hochrechnungen; inklusive Zweitwohnungen.

In Anbetracht dieses gewaltigen Vermögens – Büros, Verkaufsflächen und andere gewerbliche Nutzungen sind hier gar noch nicht enthalten – erstaunt es, dass sich in der Schweiz nur einige wenige Unternehmen intensiv mit systematischer Immobilienmarktanalyse beschäftigen und auch die öffentliche Statistik noch einige Fragen unbeantwortet lässt. Immobilien – insbesondere deren Bau – unterliegen einer starken Regulierung. Dies ist für die Analyse der Immobilienmärkte grundsätzlich als Vorteil zu betrachten, denn dadurch wird das per se extrem heterogene Gut „Immobilie" etwas standardisiert. Aufgrund der grossen Vielfalt der Regulierungen, die mehrheitlich in die kommunale Kompetenz fallen, wird der Überblick aber wieder erschwert (vgl. Kapitel 2.2). Dies dürfte der Hauptgrund sein, weshalb einige wichtige Benchmarks für Immobilienmärkte nur lückenhaft verfügbar sind und die Immobilienmarktanalyse, insbesondere die Immobilienbewertung, nach wie vor ein mehrheitlich durch regionale Anbieter betriebenes Geschäft ist (Kapitel 2.4). Seit einigen Jahren immer stärker verbreitet sind in der Schweiz statistische Vergleichswertmodelle, basierend auf der hedonischen Theorie (Kapitel 2.5 und 2.6).

2.2 Rechtliche Rahmenbedingungen

2.2.1 Raumplanung und Baugesetzgebung

Der gesamte Raumplanungs- und Baubereich ist in der Schweiz Gegenstand diverser Gesetze und Verordnungen. Insbesondere Art. 75 der Bundesverfassung über die Raumplanung sowie Art. 108 über die Wohnbau- und Wohneigentumsförderung sind im Kontext von Relevanz (SR 101). Diese Verfassungsaufträge finden Niederschlag im Raumplanungsgesetz (RPG) (SR 700) bzw. der einschlägigen Verordnung (SR 700.1) sowie dem Wohnraumförderungsgesetz (WFG) (SR 842) und dem Wohnbau- und Eigentumsförderungsgesetz (WEG) (SR 843) mit den zugehörigen Verordnungen.

Als Konsequenz des RPG bestehen in den Kantonen Planungs- und Baugesetze (PBG) (vgl. z.B. Kanton Zürich 2002) sowie entsprechende Ausführungsbestimmungen (vgl. z.B. Kanton Zürich 1999). Daraus abgeleitet wiederum verfügen die Schweizer Gemeinden über eigene Bau- und Zonenordnungen (BZO), den letztlich bei der Ausführung von Bauten die zentrale Bedeutung zukommt.[4] Für die Erstellung von Bauten sind – in Abhängigkeit der jeweiligen Bauzone – Grenzabstände, zulässige Gebäudehöhen, die zulässige Nutzungsziffer etc. zu beachten.[5]

In einigen Kantonen sind die Normen sowie die Unter- und Obergrenzen für die Nutzungsziffern auf Gesetzesebene festgelegt. In anderen Kantonen wiederum definieren die Gemeinden die Normen selbst, so dass die Berechnung der Nutzungsziffern zumindest von Kanton zu Kanton, allenfalls auch von Gemeinde zu Gemeinde unterschiedlich ausfallen kann.

---

[4] Neben der landesweiten sprachlichen Vielfalt werden auch in der deutschsprachigen Schweiz kantonal und kommunal unterschiedliche Begriffe verwendet. Viele Gemeinden verwenden den Begriff BZO, andere wiederum Bau- und Nutzungsordnung (BNO) oder auch Baugesetz usw..

[5] Zusätzlich zur eigentlichen Planungs- und Baugesetzgebung bestehen weitere Rahmenbedingungen, wie z.B. das ISOS sowie die Inventare schützenswerter Objekte, Quartierbauvorschriften, Wohnanteilpläne, Altlastenkataster etc. (vgl. dazu z.B. BAK 2004 oder Naegeli und Wenger 1997, S. 4).

In den meisten Gemeinden wird als Nutzungsziffer die so genannte Ausnützungsziffer (AZ) verwendet.[6] Diese wird generell wie folgt berechnet:

$$AZ = \frac{\sum aGF}{\sum aGSF},$$
(2.1)

mit aGF = anrechenbare Geschossfläche und aGSF = anrechenbare Grundstücksfläche.

Neben der AZ wird mehr und mehr die Baumassenziffer (BZ) nach folgender allgemeiner Formel verwendet:

$$BZ = \frac{\sum oBV}{\sum aGSF},$$
(2.2)

mit oBV = oberirdisches Bauvolumen.

Die Krux dieser, an sich einfachen, Formeln liegt in den Adjektiven „anrechenbar" bzw. „oberirdisch". Neben der uneinheitlichen Anrechnung von unterirdischen Flächen (insbesondere an Hanglagen), ist die Anrechnung der Verkehrsflächen sowie der Dach- und Attikageschosse uneinheitlich geregelt. Neben den verschiedenen Definitionen bei der Berechnung der AZ sowie der BZ gelten in den jeweiligen Gemeinden auch andere zulässige Niveaus.

Eine umfassende Studie, insbesondere mit Berechnungen von relevanten Benchmarks, dürfte in der Schweiz bisher nicht existieren.

Die kantonale und kommunale Normenvielfalt erschwert das Studium der Immobilienmärkte deutlich und stellt insbesondere auch im Planungs- und Baubereich immer wieder eine Herausforderung dar.

So stellt die BPUK (2004, S. 1) auch fest: „Die grosse Regelungsvielfalt in den Baubegriffen und Messweisen im Baupolizeirecht bringt grosse Nachteile."

Die BPUK weiter: „Die gesamtschweizerischen Kosten dieser Regelungsvielfalt liegen im Bereich von 2.4 bis 6 Milliarden Franken pro Jahr."[7]

Trotzdem sind sich die Fachleute einig, dass das Resultat der unterschiedlichen Normen – also das zu bauende Haus – letztlich überall in etwa gleich gross ist. Schiebt man gedanklich eine Baulandparzelle durch die Zone W2 sämtlicher Gemeinden der Schweiz und berechnet die

---

[6] Vgl. z.B. BPUK (2004).

[7] Die Normenvielfalt geht so weit, dass die gemessene Höhe eines identischen Gebäudes je nach Kanton bzw. Gemeinde unterschiedlich ausfallen kann, da diese auf sieben verschiedene Arten gemessen werden kann (ARE 2004, S. 1). Bemühungen zur Harmonisierung der Baubegriffe und Messweisen sind allerdings im Gange (vgl. BPUK 2004 sowie ARE 2004).

jeweils zulässige Grösse eines Hauses, ist die Variabilität des Erlaubten letztlich klein.

2.2.2 Grundstückserwerb durch Ausländer

Neben den raumplanerischen und baurechtlichen Rahmenbedingungen ist die so genannte Lex Koller, das Bundesgesetz über den Grundstückserwerb durch Personen im Ausland (BewG) (SR 211.412.41) und die entsprechenden kantonalen Grundlagen, aus regulatorischer Sicht von nachfrageseitiger Relevanz, da sie die Nachfrage nach Objekten im Wohneigentum mehrheitlich auf das Inland beschränken.[8] Das Gesetz regelt den Kauf von Grundstücken durch Personen mit Wohnsitz im Ausland, um „die Überfremdung des einheimischen Bodens zu verhindern" (SR 211.412.41, Art. 1).[9]

Gemäss Gesetz ist der Erwerb von Wohnliegenschaften oder Anteilen an Wohnliegenschaften für ausländische Privatpersonen ohne Wohnsitz in der Schweiz, für Privatpersonen mit Wohnsitz in der Schweiz, die aber nicht aus einem EU- oder EFTA-Staat stammen und nicht über die Aufenthaltsbewilligung C verfügen und die eine Zweitwohnung kaufen wollen, sowie für ausländische juristische Personen bewilligungspflichtig und kontingentiert.[10] Dieses Verfahren sieht sehr restriktive Gründe vor, die für eine Bewilligung sprechen können (vgl. BewG). Gemäss der einschlägigen Verordnung BewV (SR 211.412.411, Art. 10) ist die zulässige Nettowohnfläche für Eigentumswohnungen zudem auf 200 m² begrenzt, die Grundstücksfläche für alle anderen Objekte auf 1'000 m², wobei Ausnahmen vorgesehen sind.

In der Essenz handelt es sich primär um eine Regulierung des Zweitwohnungsmarktes. Andere direkte Investitionen in Wohnimmobilien sind für Personen mit Wohnsitz im Ausland praktisch ausgeschlossen.[11]

Entsprechend werden jeweils rund drei Viertel des Kontingentes den fünf Tourismuskantonen VD, VS, BE, TI sowie GR zugeteilt. Die jährlichen Kontingente lagen bei Einführung des Gesetzes im Jahr 1985

---

[8] Solche Bestimmungen existieren in 16 Kantonen (Zinniker 2005, S. 65).

[9] Personen mit Schweizer Bürgerrecht sind ausgenommen.

[10] Des Weiteren dürfen Grenzgänger mit einem Pass eines EU- oder EFTA-Landes, mit Wohnsitz im benachbarten Ausland, in der Region ihres Arbeitsplatzes eine Zweitwohnung erwerben (Ebd. Art. 7j).

[11] Die Kantone FR, GE, GR, JU, NE, TI, VD und VS lassen direkte Investitionen in den sozialen Wohnungsbau zu (BJ 2005, S. 11).

bei 2'000 Einheiten, heute bei 1'400 jährlich möglichen Bewilligungen. Im Laufe der Zeit erfuhr das Gesetz diverse Anpassungen, von denen insbesondere die Poollösung – der Übertrag von nicht genutzten Kontingenten auf andere Kantone – für die Tourismuskantone wichtig ist (vgl. Zinniker 2004). So konnten seit 1995 die Kantone TI und VS von einer Ausschöpfung von – in einigen Jahren – 150 Prozent profitieren, seit 1999 beträgt die Ausschöpfung im Kanton VD ebenfalls mehrheitlich deutlich über 100 Prozent (vgl. auch Kapitel 5.3.5). Insgesamt ist davon auszugehen, dass aufgrund des Gesetzes vor allem in den Tourismusregionen eine mehr oder weniger starke Nachfragereduktion einhergegangen ist, vermutlich verbunden mit einer Abnahme des Preisdruckes für die inländische Nachfrage sowie einem wohl deutlichen Preisanstieg für die ausländische Nachfrage, die sich um die knappen Kontingente bewirbt.

Gemäss dem Willen des Bundesrates, soll die Lex Koller noch in der laufenden Legislaturperiode aufgehoben werden.[12] Gleichzeitig werden neue Instrumente zur Regulierung der Zweitwohnungsmärkte diskutiert (vgl. z.B. ARE 2005c und Bühlmann 2005).

2.2.3 Weitere regulatorische Einflussfaktoren

Neben den direkten Regulierungen können auch andere gesetzliche Rahmenbedingungen die Marktliquidität beeinflussen, wobei insbesondere die Einkommensbesteuerung sowie die Besteuerung der Grundstückgewinne zu nennen sind.

Liegenschaftstransaktionen müssen, mit notarieller Beglaubigung des Kaufpreises, in das entsprechende Grundbuch eingetragen werden und unterliegen der Grundstückgewinnsteuer. Diese sind zwar kantonal geregelt und können unterschiedlich hoch ausfallen, sind aber üblicherweise nicht unerheblich.[13]

Als Bemessungsgrundlage dient grundsätzlich die Differenz zwischen den Anlagekosten bzw. dem Kaufpreis – zuzüglich wertvermehrenden Aufwendungen – und dem Erlös aus dem Verkauf. Dieser Rohgewinn wird beispielsweise im Kanton Bern aufgrund der Besitzesdauer redu-

---

[12] Vgl. ARE (2005a).
[13] Ein Gesamtüberblick über die Grundstückgewinnsteuer würde aufgrund der Vielfalt der Steuergesetze und der kantonal unterschiedlichen Regelungen den Rahmen dieser Arbeit sprengen.

ziert und progressiv besteuert.[14] Die einfachen Steuern werden schliesslich mit den Steuerfüssen von Staat, Gemeinde und Kirche multipliziert
und ergeben Grundstückgewinnsteuern von bis zu einem Drittel des
Grundstückgewinns.[15] Im Kanton Zug wird als Grundstückgewinnsteuer
– von natürlichen Personen – ein durchschnittlicher jährlicher Grundstückgewinn eingefordert, mindestens aber 10 Prozent des Grundstückgewinns.[16]

Im Wohneigentumsbereich können hohe Grundstückgewinnsteuern
dazu führen, dass das Steueraufkommen geringer ist, als es bei geringerer
Steuerbelastung wäre, denn für einen Eigentümer ist es allenfalls interessanter, eine Immobilie dereinst – mehrheitlich steuerfrei – zu ver-
erben, als diese zu verkaufen. Entsprechend könnten die Grundstückgewinnsteuern eine Reduktion des Angebots an Altliegenschaften bewirken, was grundsätzlich preistreibend wirkt.

Dieser Effekt kann durch die Reduktion der Eigenmietwerte bei Unter-
nutzung, wie dies beispielsweise im Kanton Zürich der Fall ist (Kanton
Zürich 1997, Art. 21c), verstärkt werden, denn dies stellt einen weiteren
negativen Anreiz dar, Wohneigentum zu verkaufen.

2.3 Immobilienbewertungsmethoden im Überblick

Über Immobilienbewertungsmethoden existiert in der Schweiz eine
umfangreiche Literatur. Die aktuellsten Publikationen sind diejenigen
von SVKG und SEK/SVIT (2005) sowie die Publikationen von Fierz
(2001 und 2005). In der Praxis ebenfalls wichtige Publikationen sind der
Lehrgang des SIV (Canonica 2000) sowie die Literatur von Naegeli (vgl.
z.B. Naegeli und Wenger 1997). Scognamiglio (2000 und 2002) stellt die
wichtigsten Bewertungsmethoden – Marktvergleichswert, Realwert,
Ertragswert bzw. Discounted Cashflow (DCF), die Klassikermethode
sowie die hedonische Methode – vor und vergleicht die Güte der unter-

---

[14] Bei Besitzdauern unter 5 Jahren wird der Grundstückgewinn um 10 bis 70
Prozent erhöht.

[15] Im Kanton Bern liegen die einfachen Grenzsteuersätze bei 4 bis 8 Prozent, die
Steuerfüsse 2004 bei Staat: 3.06, Gemeinde Bern: 1.50 und Prot. Kirche: 0.18
(Kanton Bern 2001 und 2005 sowie Auskünfte der Steuerverwaltung des Kantons
Bern).

[16] Gemäss Auskünften der Steuerverwaltung der Stadt Zug liegt die Grundstückgewinnsteuer in den wenigsten Fällen über 10 Prozent.

schiedlichen Methoden anhand von Stichproben. Zudem sind in der Schweiz diverse weitere Studien zu unterschiedlichen Methoden sowie hedonischen Modellen publiziert worden (vgl. Kapitel 3).

Aufgrund der verfügbaren aktuellen Fachliteratur wird darauf verzichtet, detaillierte Darstellungen sämtlicher Methoden zu geben, insbesondere die klassischen Methoden sind gut dokumentiert. Die Ausführungen werden auf einen Kurzüberblick beschränkt, wobei die jeweiligen Annahmen und Herausforderungen im Zentrum der Betrachtungen stehen.

2.3.1 Ertragswert und Discounted Cashflow (DCF)

Bei der klassischen Ertragswertmethode werden nachhaltige Mieterträge risikogerecht kapitalisiert um den Marktwert einer Immobilie zu schätzen.[17] Dieser Wert wird anschliessend um den nicht überwälzbaren Teil des gegenwärtigen Renovationsbedarfs bereinigt.[18] In der Grundform wird der Marktwert berechnet als

$$\text{Marktwert} = \text{Ertragswert} = \frac{\text{Nachhaltige Mieterträge}}{\text{Kapitalisierungssatz}} - \text{Renovationsbedarf} . \quad (2.3)$$

Diese Kapitalisierung entspricht der Summe der abdiskontierten Erträge bis in die Unendlichkeit (ewige Rente) und ist letztlich ein Spezialfall der DCF-Methode.[19] Bei der DCF-Methode werden nur die abdiskontierten Erträge einer gewissen Anzahl von Perioden – üblicherweise 100 Jahre – betrachtet, wobei der Modellierung der ersten 10 Jahre das grösste Gewicht beigemessen wird. Sowohl bei der Ertragswert- als auch bei der DCF-Methode existieren Brutto- und Netto-Betrachtungen, wobei die

---

[17] Unter „nachhaltig" wird in diesem Kontext nicht zwingend der gegenwärtig realisierbare Mietzins verstanden, sondern derjenige, der unter Berücksichtigung des Marktumfeldes sowie der Liegenschaft langfristig durchschnittlich erwartet werden kann.

[18] Gemäss Gesetz können wertvermehrende Renovationen auf die Mieten überwälzt werden. Der Pauschalsatz beträgt bei Renovationen 50 bis 70 Prozent. Dieser Satz wird aber gemäss Gerichtspraxis je nach Art der Renovation teilweise deutlich unterschritten. Zudem ist neben der rechtlichen Situation auch die jeweilige Marktsituation für die Überwälzbarkeit entscheidend, denn eine rechtlich zwar zulässige Überwälzung kann zu Leerständen führen. Letztlich ist deshalb davon auszugehen, dass die effektive Überwälzbarkeit geringer ist und in vielen Regionen effektiv unter 50 Prozent liegt (vgl. z.B. Brutschin 2005).

[19] Bei einem Kapitalisierungssatz von 5% ergeben Ertragswertmethode sowie DCF bei einer Betrachtung über 100 Jahre c.p. annähernd das gleiche Ergebnis.

anfallenden Kosten für Betrieb, Unterhalt und Instandsetzung entweder von den Erträgen abgezogen oder mittels eines höheren Kapitalisierungssatzes berücksichtigt werden. Die DCF-Methode ist insofern sophistizierter als die Ertragswertmethode, als bei jener anstehende Renovationen und damit verbundene Ertragsausfälle und anschliessende Mietzinserhöhungen modelliert werden können. Dasselbe gilt für die zukünftigen Kosten.

Beide Methoden haben über die Einschätzung der nachhaltigen Mieterträge sowie den risikogerechten Kapitalisierungssatz einen expliziten Konnex zum Markt und können transparent dargestellt sowie mit Benchmarks belegt werden.

Allerdings ist es fraglich, ob Wohnungsmieten im Wohneigentumsbereich verwendet werden können, denn es gibt starke Anzeichen dafür, dass Wohneigentumsmärkte – obwohl sie Substitutmärkte sind – teilweise anders funktionieren als die Mietwohnungsmärkte. Die noch grössere Herausforderung für diese Methoden stellt der Umstand dar, dass Annahmen über die langfristige Zukunft getroffen werden, wobei Aussagen über zukünftige Mieterträge, Renovationskosten sowie – zur Fortschreibung der Mieten basierend auf der Gesetzgebung – über die künftige Teuerung und Hypothekarzinsentwicklung gemacht werden müssen. Dies ist insofern schwierig, als Annahmen über die Entwicklung der kommenden zehn Jahre oder über noch längere Perioden getroffen werden. Dasselbe gilt für den risikogerechten Kapitalisierungsatz, der in der Praxis von Ort zu Ort unterschiedlich angenommen wird, wobei fundierte Begründungen oftmals fehlen.

2.3.2 Realwert

Die zweite klassische Methode – die Realwertmethode – geniesst insofern eine grosse Akzeptanz und eine entsprechende Verbreitung, als sie einer intuitiven Logik entspricht:

$$\text{Marktwert} = \text{Realwert} = \text{Zeitwert} + \text{Landwert}, \qquad (2.4)$$

wobei der Zeitwert (auch Zustandswert) bei einem Neubau den Erstellungskosten entspricht. Bei einem Altbau werden diese um eine Altersentwertung korrigiert. Der Landwert orientiert sich üblicherweise an Benchmarks sowie Expertenwissen. Gemäss der Logik der Realwertmethode schlagen sich Wertveränderungen der Liegenschaft in der dynamischen Betrachtung im Landwert nieder.

Auch bei dieser Methode besteht die Herausforderung, dass Annahmen getroffen werden müssen. Zwar existiert im Neubaubereich eine grosse Erfahrung mit Erstellungskosten, diese sind aber – im Wohneigentumsbereich – weder systematisch gesammelt noch öffentlich zugänglich. Bei Altbauten wird der Neubauwert mehrheitlich über Abschreibungstabellen korrigiert (vgl. z.B. Naegeli und Wenger 1997, S. 18ff. oder Canonica 2000, S. 163f.).

Auch bezüglich Landwerten existieren in der Schweiz nur sehr wenige öffentlich zugängliche Benchmarks, nur die Kantone Basel-Landschaft, Genf und Zürich publizieren entsprechende Statistiken, die zudem ebenfalls einen grossen Ermessensspielraum zulassen.[20] Auch hier basieren die eingesetzten Landwerte grossteils aus Expertenwissen bzw. Modellen zur Landwertherleitung (vgl. z.B. die Lageklassemethode in Naegeli und Wenger 1997, S. 26ff.). Weiter ist die Methode primär für Einfamilienhäuser geeignet, weniger für die Bewertung von Eigentumswohnungen, da der Landanteil hier schwieriger zu bestimmen ist.

---

[20] Es werden Minima, Mittelwert und Maxima bzw. Quartile ausgewiesen, die unabhängig von der Grundstücksgrösse und teilweise über sämtliche Wohnbauzonen hinweg berechnet werden. Zudem basieren die Statistiken teilweise auf einer geringen Zahl von Beobachtungen.

2.3.3 Praktikerwert / Mischwert / Verkehrswert

In der klassischen Bewertungspraxis werden oftmals Ertragswert und Realwert berechnet und daraus als Marktwert – in der Praxis oftmals Verkehrswert oder auch Mischwert genannt – ein gewichtetes Mittel gebildet:[21]

$$\text{Marktwert} = \text{Mischwert} = \text{Verkehrswert} = g \cdot \text{Ertragswert} + (1-g) \cdot \text{Realwert}, \quad (2.5)$$

wobei als Gewicht g im Einfamilienhausbereich oftmals 0.5 verwendet wird (vgl. z.B. Scognamiglio 2002, S. 39). Nägeli und Wenger (1997, S. 100) empfehlen, die Gewichte in Abhängigkeit von der Differenz zwischen Ertrags- und Realwert zu bestimmen, wobei bei | Realwert / Ertragswert-1 | $\geq$ 0.4 ein Gewicht g von 0.8 empfohlen wird.

2.3.4 Vergleichswertmethoden

Die Bewertungspraxis stützt stark auf Vergleichswerte ab, d.h. dem Vergleich der zu bewertenden Immobilie mit bekannten Transaktionen ähnlicher Immobilien in der (jüngeren) Vergangenheit. Auch hier existieren Zu- und Abschlagsmodelle sowie – in der Schweiz seit einigen Jahren weit verbreitet – statistisch fundierte Vergleichswertmethoden, so genannte hedonische Modelle (Kapitel 2.5).

---

[21] Gemäss BGE „gilt als Verkehrswert der mittlere Preis, zu dem Grundstücke gleicher oder ähnlicher Grösse, Lage und Beschaffenheit in der betreffenden Gegend unter normalen Umständen verkauft werden" (BGE 103 A 103 1977, Erwägung 3). Das Bundesgericht äussert sich dabei nicht über die zu verwendende Methode.
Auch in der deutschen Schätzungspraxis wird die zu verwendende Methode nicht definiert: „Der Verkehrswert wird durch den Preis bestimmt, der in dem Zeitpunkt, auf den sich die Ermittlung bezieht, im gewöhnlichen Geschäftsverkehr nach den rechtlichen Gegebenheiten und den tatsächlichen Eigenschaften, der sonstigen Beschaffenheit und der Lage des Grundstücks oder des sonstigen Gegenstands der Wertermittlung ohne Rücksicht auf ungewöhnliche oder persönliche Verhältnisse zu erzielen wäre" (§ 194 BauGB in Kleiber, Simon und Weyers 2002, S. 73).
Im Sprachgebrauch der Schweizer Schätzungspraxis wird unter dem Verkehrswert dennoch oftmals der Mischwert verstanden.

2.4 Grundzüge der hedonischen Theorie

In der klassischen mikroökonomischen Analyse wird üblicherweise von homogenen Gütern ausgegangen. Gerade Immobilien sind aber extrem heterogen, was sich bereits in ihrer Standortgebundenheit äussert und für eine – ansonsten identische – Liegenschaft in einer Grossstadt kaum der gleiche Preis bezahlt wird wie an einem peripheren Standort.[22] Aber auch in einer kleinräumigen Betrachtung bestehen oftmals massive Unterschiede zwischen den einzelnen Liegenschaften, wie beispielsweise Grösse, Qualität, Ausbaustandard oder auch die Architektur.

Es ist offensichtlich, dass Unterschiede der Objektqualitäten bei der Wertbestimmung berücksichtigt werden müssen. Entsprechend sind auch in frühen volkswirtschaftlichen Werken, wie z.B. bei Adam Smith (1878, S. 138ff.) hinsichtlich der Lohnbestimmung entsprechende Gedanken nachzulesen. Was fehlte, war ein theoretisches Konzept und dessen systematische Umsetzung. Hierzu eignet sich die hedonische Theorie.

2.4.1 Geschichtlicher Abriss der Theorieentwicklung

Erste Regressionsanalysen zur Messung von qualitätsspezifischen Preisunterschieden wurden bereits in den 1920er Jahren vorgenommen. In der Literatur werden unterschiedliche Autoren genannt, denen diese Ehre gebühre: In vielen Studien gilt Court (1939), der Autopreise anhand von Qualitätsmerkmalen erklärt, als wahrer Pionier, in anderen Studien werden Waugh (1928) mit einer Studie über Gemüsepreise, sowie Wallace (1926) und Haas (1922) mit Arbeiten über die qualitätsbereinigte Wertbestimmung von Farmland als noch frühere Werke genannt.[23] Bemerkenswerterweise spricht bereits Court (1939) von „Hedonic Prices". Seit den 1920er Jahren, insbesondere auch seit der aufkommenden breiten Verfügbarkeit von Computern wurden mittlerweile wohl Tausende von hedonischen Studien zu den unterschiedlichsten Märkten publiziert (Malpezzi 2002, S. 1; vgl. auch Kapitel 3 zu Studien über Wohneigentum).

In theoretischer Hinsicht wird meistens der Artikel von Rosen (1974) als Pionierarbeit genannt, weitere frühe Protagonisten dieser Theorie sind

---

[22] In der Schweiz beträgt das Verhältnis des günstigsten zum teuersten Standort im Bereich Wohneigentum ca. 1:6.

[23] Vgl. z.B. Sirmans, Macpherson und Zietz (2005, S. 6).

Lancaster (1966), Otha und Griliches (1975), Lucas (1975 und 1977) und Maclennan (1977). An neueren theoretischen Weiterentwicklungen seien an dieser Stelle Kinoshita (1987) sowie Ekeland, Heckman und Nesheim (2003) erwähnt.

2.4.2 Begriffliches

Kallikles hat gemäss Platon in einem Gespräch mit Sokrates in Athen im Jahre 410 v. Chr. als Ziel des menschlichen Strebens gesagt: „Maximiere deine Lust!" (Green Basketball o. J.). Entsprechend wird Hedonismus – je nach Quelle – als „Das Streben nach Sinnenlust" oder „das Lustprinzip befolgend" definiert.

Die Online-Enzyklopädie Wikipedia (o. J.) enthält folgenden Eintrag: „Unter Hedonismus, selten auch Hedonik genannt, (v. griech. hedone, „Lust") wird allgemein eine philosophische Strömung verstanden, die die Lust als höchstes Gut und Bedingung für Glück und gutes Leben setzt. Dabei wird zwischen leiblicher und geistiger Lust unterschieden, wobei die leibliche Lust zeitlich früher einzuordnen ist. (...)".

Das korrekte Adjektiv zu „Hedonismus" ist gemäss verschiedenster Quellen „hedonistisch". Zwar wird – insbesondere in der älteren deutschsprachigen ökonomischen Literatur – der Begriff „hedonistische Theorie" verwendet, in der neueren Literatur und in der Praxis hat sich aber mehrheitlich das aus dem Englischen „hedonic" abgeleitete „hedonisch" eingebürgert. Dies ist insofern vielleicht gar nicht so unglücklich, da Hedonismus oftmals als eher negativ wahrgenommen wird und weil die hedonische Theorie im Sinne der Volkswirtschaftslehre doch recht weit von der philosophischen Hedonismustheorie und –diskussion entfernt ist.

Hierzu der Eintrag in Wikipedia (o. J.): „Als hedonisch bezeichnet man eine Bewertungsmethode, die ein Objekt nach seinen intrinsischen (inneren) und extrinsischen (äusseren) Werten beurteilt. Das Wort leitet sich vom englischen Wort hedonic ("Lust-") ab. Die hedonische Preiskalkulation wird vor allem für die Berechnung von Immobilien angewendet. Dabei wird der Preis des Objekts ermittelt anhand seiner physischen Eigenschaften wie Grösse, Zustand, Ausbaustandard sowie der Umgebung, vor allem deren Erholungswert und Infrastruktur (insbesondere: öffentliche Verkehrsmittel, Schulen und Einkaufsmöglichkeiten). Hinweis: Das Adjektiv stammt zwar vom Begriff Hedonismus, dem Streben nach

Sinnenlust und Genuss, hat aber in dieser Interpretation kaum etwas mit diesem gemeinsam."[24]

Gerade bei der – nachfrageseitigen – Betrachtung der Märkte für Wohneigentum kommt der Hedonismusbegriff dem philosophischen Konzept aber recht nahe, denn gerade beim Wohnen sind Aspekte wie Geborgenheit, Wohlbefinden, aber auch die Umsetzung von Wünschen und Träumen zentrale Aspekte.

2.4.3 Kernelemente der hedonischen Theorie

Der Kern der hedonischen Theorie ist der Gedanke, dass ein Nachfrager – ein Haushalt – nicht ein Gut per se kaufen will, sondern den damit verbundenen Nutzen. Bezogen auf Immobilien will ein Haushalt also nicht die Kombination von Grundstück, Zement, Ziegeln, Glas, Holz etc. kaufen, sondern damit verbundene Nutzenaspekte wie Schutz, Platz, Geborgenheit, Wohlbefinden, sowie die Güte des Standorts hinsichtlich Eigenschaften wie Nähe zu Arbeitsplatz, Kultureinrichtungen, soziales Umfeld, Ruhe, Natur etc.[25]

Für diesen gesamten Nutzen U_l ist ein Haushalt l bereit, einen Preis zu bezahlen.[26] Da heterogene Güter nur schwierig in ihrer Gesamtheit verglichen werden können, ist der Vergleich – und damit die Bestimmung der Zahlungsbereitschaft – schwierig. Letztlich werden die einzelnen Eigenschaften i (i = 1, 2, …, n), die für den Haushalt einen Nutzen u_{il} aufweisen, beurteilt. Zudem können die Eigenschaften i und j auch in ihrer Interaktion einen zusätzlichen Nutzen u_{ijl} stiften.[27] Weist eine Eigenschaft einen Nutzen auf, besteht demgemäss eine – implizite – Zahlungsbereitschaft θ_{il} für genau diesen Nutzenaspekt, die mit der spezifischen Ausprägung z_{il} dieser Eigenschaft gewichtet wird.[28] Der Gesamtnutzen des Gutes mit den Eigenschaften Z_l entspricht demnach

---

[24] Der Eintrag ist insofern etwas unvollständig, als sich die hedonische Theorie bzw. die empirische Forschung zu einem grossen Teil auch anderen Märkten, wie Arbeitsmärkten, der Preisbestimmung von PCs oder Automobilen etc. widmet.

[25] Im Prinzip ist – insbesondere bei Wohneigentum – nicht der heutige Nutzen ausschlaggebend, sondern die Summe aller abdiskontierten künftigen Nutzen bis zum gedanklichen Planungshorizont. Bei der Preisfindung von Objekten im Baurecht ist dieser Aspekt – bei kurzen und mittleren Restlaufzeiten – zentral.

[26] Entsprechend kann der Nutzen durch den Preis ausgedrückt werden.

[27] Es sind auch Dreifachinteraktionen sowie solche noch höheren Grades denkbar.

[28] Teilweise können auch die Ausprägungen der Eigenschaften selbst durch die Haushalte unterschiedlich beurteilt werden.

für einen Haushalt l der Summe der impliziten Zahlungsbereitschaften der einzelnen Eigenschaften:

$$U_l(\theta, Z) = \sum_{i=1}^{n} u_{il} + \sum_{i,j=1}^{n} u_{ijl} = \sum_{i=1}^{n} \theta_{il}(z_{il}) + \sum_{i,j=1}^{n} \theta_{ijl}(z_{il}, z_{jl}).$$ (2.6)

Aus nachfrageseitiger Sicht weist potenziell jeder Haushalt eine individuelle Zahlungsbereitschaft auf, die zudem durch die Finanzierungsmöglichkeiten, also letztlich das Einkommen – relevant für die Hypothekaraufnahme – sowie das Vermögen, restringiert ist.[29] Innerhalb des Haushaltes muss zusätzlich zwischen einer Zahlungsbereitschaft für den Hauptwohnsitz und einer solchen für einen Zweit- bzw. Ferienwohnsitz unterschieden werden.

Angebotsseitig wird für gewisse Märkte – wie beispielsweise den Arbeitsmarkt – ebenfalls mit Nutzenfunktionen argumentiert. Im Falle von Immobilien erscheint die Betrachtung einer klassischen Produktionsfunktion als angebracht. Hier ist von einem Inputvektor X von Produktionsfaktoren x_k, mit k = 1, 2,..., m, mit jeweiligen Faktorkosten c_k auszugehen, die in Abhängigkeit der Technologie ϕ notwendig sind, um ein Gut Z mit den Eigenschaften z_i herzustellen. Dabei könnte auch die Technologie der einzelnen Anbieter unterschiedlich sein, was hier aber nicht angenommen wird. Bei der Herstellung von Immobilien ist die Technologie nicht alleine in technischer Hinsicht zu verstehen, sondern auch bezüglich der rechtlichen Rahmenbedingungen wie Grenzabständen und Ausnützungsziffern sowie spezifischen Bauvorschriften. Die Produktionskosten für eine Liegenschaft mit den Eigenschaften Z belaufen sich auf

$$C(\phi, Z) = \sum_{k=1}^{n} x_k(\phi) \cdot c_k.$$ (2.7)

Entscheidend ist es allerdings, ob ein potenzieller Anbieter über eine geeignete Baulandparzelle verfügt oder nicht (vgl. dazu Kapitel 2.6). Die Betrachtung der Produktionskosten entspricht für Neubauten dem Realwert (vgl. Kapitel 2.4.2).

Obwohl nicht von exakt identischen Erstellungskosten für alle Anbieter ausgegangen werden kann, erscheint die Annahme, dass diese für einen

---

[29] Zu berücksichtigen sind auch die Erwartungen über die künftige Entwicklung der Finanzierung, die – individuelle – Konsumentenstimmung.

gegebenen Standort für alle Anbieter annähernd gleich sind, als vernünftig.[30]
Ebenfalls als Anbieter können Eigentümer von Immobilien auftreten. Diese haben keine eigentlichen Produktionskosten, sondern orientieren sich am Markt für neu erstellte Liegenschaften sowie an ihren eigenen damaligen Gestehungskosten sowie an den zwischenzeitlich getätigten Renovationen.

2.5 Preisbildungsprozesse

Die Preisbildungsprozesse sind je nach Eigenschaften der Immobilien unterschiedlich. Davon ausgehend, dass die jeweilig nachgefragten Eigenschaften produziert würden, ist angebotsseitig die Verfügbarkeit von geeignetem Bauland entscheidend für die Preisbildung.

2.5.1 Atomistische Konkurrenz in weiten Teilen des Mittellands

Bei ausreichender Verfügbarkeit von geeigneten Baulandparzellen könnte jeder Nachfrager genau das Haus erstellen (lassen), das seinen Wünschen und Finanzierungsmöglichkeiten entspricht.[31] In diesem Fall kann angebotsseitig von einer atomistischen Konkurrenz ausgegangen werden, mit dem Resultat, dass die Anbieter zu ihren Selbstkosten offerierten und diese Angebotspreise gerade den Abschlusspreisen entsprächen.

Der minimale Angebotspreis einer Baulandparzelle entspricht aus theoretischer Sicht den Opportunitätskosten, also den kapitalisierten Erträgen aus anderer Nutzung des Landes, etwa aus landwirtschaftlicher Produktion. Dieser Wert liegt in der Schweiz seit Jahren im Bereich von 1 CHF bis 10 CHF, zuzüglich der Erschliessungskosten von 50 CHF bis

---

[30] Obwohl oftmals argumentiert wird, dass „Beton in der Schweiz überall gleich viel kostet", dürften die Kosten etwa für Handwerkerleistungen doch regional unterschiedlich sein. Zudem dürften beispielsweise in den Zentren die Kosten für die Baustelleneinrichtung sowie die Logistik Mehrkosten gegenüber weniger urbanen Standorten verursachen.

[31] In der Realität ist eher die Verfügbarkeit von geeignetem Bauland restringiert, weniger diejenige von Architektur- und Bauleistungen. Insgesamt sind die ausgeschiedenen Bauzonenreserven von rund 60'000 Hektaren zwar ein sehr grosses Angebot, doch befinden sich grosse Teile dieser Reserven in wenig nachgefragten Regionen (vgl. ARE 2005a und NZZ 2005a).

100 CHF pro m².[32,33] Aufgrund von Subventionen können die Erschliessungskosten an peripheren Lagen auch noch etwas geringer sein. An sehr peripheren Lagen sind derart Grundstückspreise von CHF 40 pro m² bekannt. Auch bei geringen angenommenen Baukosten liegen die Gesamtkosten für ein neues, freistehendes Einfamilienhaus üblicher Grösse und Ausbaustandards damit bei mindestens 350'000 CHF. In den meisten Regionen des Mittellandes wird ein solcher minimaler Grundstückspreis aber übertroffen.

In einer solchen Situation atomistischer Konkurrenz entspricht der Preis $P(Z)$ einer Immobilie mit den Eigenschaften Z den Gesamtkosten der günstigsten Anbieter $C(\phi, Z)$. Die Realität dürfte sein, dass eine annähernd atomistische Konkurrenz zwar vielerorts beobachtet werden kann, aber nicht in allen Regionen der Schweiz.

Aufgrund der Verkehrsinfrastruktur sind viele Standorte nahezu austauschbar und die Nachfrager können zwischen einem breiten Angebot von Standorten wählen. Der beobachtete Transaktionspreis entspricht den Kosten $C(\phi, Z)$ der Anbieter, wobei diese über den Landpreis gesteuert werden. Steigt die relative Attraktivität eines Standorts im Vergleich zu den anderen Standorten, steigt damit auch der Landwert (vgl. Realwert, Kapitel 2.4.2). Bei der Marktwertermittlung in solchen Marktsituationen dürfte der Realwert dem erzielbaren Transaktionspreis in der Mehrzahl der Fälle nahe kommen.

Aufgrund relativ langer Planungsdauern entsteht hier ein spekulatives Moment, denn es ist für einen Projektentwickler bei erwarteter steigender Zahlungsbereitschaft interessant, Land quasi „auf Vorrat" zu kaufen und zu einem günstigen Zeitpunkt zu entwickeln.

Bei einer generell positiven Nachfrage nach einem Standort verhalten sich die Anbieter als Gewinnmaximierer. Bei einer gegebenen Grundstücksfläche von beispielsweise 900 m² versucht ein Anbieter, $P(Z)$ –

---

[32] Unter die Erschliessungskosten fallen beispielsweise Anschlüsse an die Trinkwasser- und Kanalisationsnetze, aber auch die Erstellung einer Zufahrtsstrasse. Dabei beeinflussen primär die Lage, aber auch die Grundstücksgrösse die m²-Kosten.

[33] In einer nachhaltigen Betrachtung müssten – zumindest an peripheren Standorten – zudem dereinstige Entsorgungskosten von rund CHF 50 pro m² berücksichtigt werden (Annahmen: Gebäudevolumen 900 m³ nach SIA 416, Grundstücksfläche 500 m², angenommene Abbruchkosten CHF 27.5 pro m³). Es besteht aber wohl kein Fonds, in den künftige Entsorgungskosten heute einzuzahlen sind.

$C(\phi, Z)$ zu maximieren. Dabei sind die – behördlich vorgegebenen – Rahmenbedingungen oftmals von entscheidender Bedeutung, denn es ist grundsätzlich an den meisten Standorten interessanter, drei Reihenhäuser anstelle von zwei freistehenden Einfamilienhäusern zu erstellen, denn c.p. definiert sich die nachfrageseitige Zahlungsbereitschaft primär über die Wohnfläche. Zwar sind die Baukosten aufgrund der Installationen etwas höher, diese werden aber durch den geringeren Landanteil generell überkompensiert. Bei einer sehr grossen AZ werden entsprechend Mehrfamilienhäuser erstellt, wobei je nach Marktsituation und Interessen des Entwicklers Stockwerkeigentum begründet wird oder die Wohnungen vermietet werden.

2.5.2 Schwache Nachfrage und Monopsone in der Peripherie

In peripheren Regionen besteht zwar ein atomistisches Angebot, die Nachfrage ist aber oftmals gering und auf einige wenige Einheimische beschränkt, weniger aber auf Zuzüger. Auch hier ist zwar eine gewisse Neubautätigkeit und auch ein Handel zu beobachten, für die meisten Nachfrager l gilt aber $C(\phi, Z) > U_l(\theta_l, Z_l)$, so dass selten eine Transaktion realisiert werden kann. Wird aufgrund individueller Präferenzen dennoch gebaut – in solchen Fällen ähnelt die Konstellation einem Monopson – stellt sich die Frage nach dem Preisabschlag bei einem künftigen Wiederverkauf bzw. nach der Wiederverkäuflichkeit überhaupt. Dazu kommt, dass ein potenzieller Nachfrager dereinst lieber einen Neubau nach seinen Wünschen und Vorstellungen realisiert, als ein abgenutztes, allenfalls architektonisch veraltetes Objekt zu übernehmen, was die Wiederverkäuflichkeit zusätzlich negativ beeinflusst.[34] Realwertbetrachtungen sind in solchen Marktkonstellationen insofern problematisch, als dass dabei primär die Produktionsseite betrachtet wird und die Nachfrage nach Liegenschaften weitgehend vernachlässigt wird. Entsprechend dürften Realwertbetrachtungen in solchen Situationen tendenziell zu einer Überschätzung der Marktwerte führen.

---

[34] Es sind Einzelfälle bekannt, in denen ältere Bauten seit mehreren Jahren quasi gratis übernommen werden könnten – bezahlt werden müssen die Verschreibungsgebühren. Trotzdem kam es bisher nicht zu einer Handänderung.

2.5.3 Auktionscharakter an knappen Lagen

In den engeren Agglomerationen attraktiver Zentren, in gewissen Tourismusgebieten sowie an den Seen und anderen landschaftlich attraktiven Lagen, kann ein Nachfrageüberhang entstehen, der aufgrund der Knappheit des Bodens nicht abgebaut werden kann. Insbesondere wenn positive Aspekte – wie beispielsweise die Nähe zu Zentren, gleichzeitige See- und Bergsicht sowie Südwestexponierung des Standorts etc. gleichzeitig auftreten, steigen die Landwerte massiv an, denn die Erstellungskosten sind unabhängig von solchen Lageattributen. So werden im Jahr 2005 an Toplagen der Zürcher „Goldküste" Baulandpreise von bis zu CHF 3'000 pro m^2 beobachtet, nota bene zur Erstellung von EFH.

Aufgrund der Knappheit des Bodens weisen Immobilientransaktionen an solchen Standorten Auktionscharakter auf. Oftmals dürfte die subjektive Wahrnehmung der Attraktivität und damit die Zahlungsbereitschaft auch mit der Dauer des Verhandlungsprozesses steigen. Weist eine Liegenschaft einen gewissen Exklusivitätscharakter auf, geht es oftmals im wahrsten Sinne des Wortes um „alles oder nichts". Der Transaktionspreis beläuft sich – in einem solchen Fall unabhängig von den Erstellungskosten – auf $P(Z) = \max(U_l(\theta_l, Z_l))$, wobei l wiederum die Schweizer Haushalte charakterisiert.

2.5.4 Vorbemerkung zur ökonometrischen Umsetzung

Aufgrund der Datenlage können in der Empirie oftmals keine individuellen Zahlungsbereitschaften gemessen werden und auch die Mindestpreise der Anbieter sind meistens unbekannt. So können üblicherweise keine hedonischen Angebots- und Nachfragefunktionen beobachtet werden (vgl. Kinoshita 1987) sondern nur das Resultat der Verhandlungsprozesse, der Transaktionspreis. Die ermittelten Koeffizienten ökonometrischer Analysen – der hedonischen Modelle – stellen deshalb implizite Preise für die Objekteigenschaften dar. Oftmals werden diese auch als hedonische Preise bezeichnet.

Die theoretischen Überlegungen sind aber dennoch nützlich, denn erstens können daraus weitere Ableitungen vorgenommen werden und zweitens könnten dereinst, bei einer verbesserten Datenlage durchaus auch angebots- und nachfrageseitige Aspekte besser berücksichtigt werden, da die Marktmechanismen mittels der Theorie besser verstanden und begründet werden können.

2.6 Würdigung

In der Praxis existiert zur Ermittlung der Marktwerte von Immobilien eine grosse Methodenvielfalt, insbesondere bei der Herleitung bzw. Darstellung der diversen Annahmen. Entsprechend oft stehen im Abschnitt 2.4 Adjektive, wie „üblicherweise" oder „häufig". Dies ist insofern Absicht, als davon auszugehen ist, dass letztlich jeder Immobilienschätzer in der Schweiz leicht unterschiedliche Methoden, Benchmarks und Annahmen verwendet. Eigentliche Standards gibt es nicht.

Entsprechend hängt die Qualität einer klassischen Bewertung stark vom regionalen Expertenwissen des Schätzers ab, der Ermessensspielraum ist gross.

Letztlich ist die Wertermittlung immer mit Unsicherheit behaftet und erst der Test am Markt zeigt, welcher Preis denn nun wirklich für die Immobilie realisiert werden kann. Dazu eine Aussage von Canonica (2000, S. 28): „Der Schätzer muss wie ein Prophet den erzielbaren Marktpreis voraussagen!"

Aus ökonomischer Sicht wäre die beste Bewertung der aktuelle Kaufpreis einer identischen Liegenschaft. Als zweitbeste Lösung ist der angepasste aktuelle Kaufpreis ähnlicher Liegenschaften zu verwenden, also Vergleichswerte bzw. ein basierend auf einem hedonischen Modell ermittelter Wert. Als dritte Option stehen die klassischen Bewertungsmethoden zur Verfügung. Da in der Realität aktuelle Kaufpreise von (annähernd) identischen Liegenschaften nur sehr selten – beispielsweise bei Siedlungen – zur Verfügung stehen, sind hedonische Modelle die beste praktikable Methode zur Wertermittlung von Immobilien.

Dennoch sind sämtliche Ansätze nützlich, doch sollten sie immer in Kombination mit anderen Methoden und unter Offenlegung der Annahmen sowie unter Verwendung von unterschiedlichen Szenarien eingesetzt werden. Aufgrund der zu treffenden Annahmen ist davon auszugehen, dass Expertenwissen bzw. „der Bauch" bei der klassischen Immobilienbewertung eine grosse Rolle spielt. Der grösste Wert von Bewertungsberichten liegt demnach in der Dokumentation und in der Offenlegung der getroffenen Annahmen.

Die Verwendung mehrerer, unterschiedlicher Bewertungsmethoden und Szenarien hat zudem den Vorteil, dass der Marktwert von verschiedenen Betrachtungsweisen her eingegrenzt werden kann.

Theoretische Überlegungen führen zum Schluss, dass die Realwertmethode und die hedonische Methode in weiten Gebieten der Schweiz zu annähernd gleichen Ergebnissen führen sollten, während in Regionen mit einer schwachen Nachfrage die Realwerte tendenziell zu hoch sind, da die Nachfrage zu wenig berücksichtigt wird. Die hedonische Methode weist hier das Problem auf, dass in solchen Ortschaften oftmals nur sehr wenige Beobachtungen vorliegen und damit Aussagen ebenfalls schwierig sind. An bevorzugten, knappen Lagen ist von chronisch zu tiefen Realwerten auszugehen, denn der Auktionscharakter der Transaktionen an solchen Standorten kann oftmals nur ungenügend berücksichtigt werden.

Auf Grund dieser Überlegungen könnten Vergleiche von hedonischen Marktwerten und solchen basierend auf Realwertbetrachtungen Aussagen über die kleinräumige Marktsituation erlauben.

3. Hedonische Modelle: Literaturübersicht

3.1 Einleitung

In der operativen Anwendung von hedonischen Modellen stellen sich in der Praxis Kosten-Nutzenüberlegungen, da die manuelle Datenerfassung teuer ist. Das Ziel ist es, die Zahl der zu erfassenden Variablen zu minimieren und trotzdem in der Lage zu sein, eine Liegenschaft möglichst gut zu beschreiben bzw. zu bewerten, also um ein typisches Optimierungsproblem. Wie so viele empirische Arbeiten basiert auch diese Studie auf bereits erhobenen Daten, so dass die Analyse von Werttreibern in der Literatur primär dazu dienen kann, Mankos zu identifizieren. Aus dem gleichen Grund kann einigen, in der Literatur diskutierten Fragen wie beispielsweise der regionalen Marktsituation bzw. der Verhandlungsmacht der Anbieter und Nachfrager aufgrund fehlender Informationen nicht nachgegangen werden.

Neben der Identifikation der wichtigsten beschreibenden Variablen stellt sich insbesondere die Frage nach der Modellbildung und Methodenwahl. Bei einem gegebenen Set von erklärenden Variablen steht eine grosse Zahl von statistischen Methoden zur Verfügung um die Transaktionspreise zu modellieren. So kann allein aufgrund der Modellbildung und der Methodenwahl – basierend auf den identischen Rohdaten – eine unterschiedliche Güte der Modelle resultieren. Der Literaturüberblick dient deshalb dazu, von den Erfahrungen und Erkenntnissen anderer Autoren zu profitieren.

Weltweit gibt es mittlerweile wohl hunderte Artikel allein zu hedonischen Modellen für Wohneigentum. Eine komplette Übersicht würde jeden Rahmen sprengen. Glücklicherweise bestehen bereits einige umfassende Übersichtsartikel wie Sirmans, Macpherson und Zietz (2005) mit einer umfassenden Auswertung der wichtigsten erklärenden Variablen und deren Wirkungsrichtung, Nelsons Metaanalyse zu Fluglärmstudien (Nelson 2003), der Übersichtsartikel von Malpezzi (2002), Boyle und Kiel (2001) über den Einfluss von Standortfaktoren, sowie, insbesondere auch mit Fokus auf europäische – insbesondere Schweizer Literatur –, bei Maurer, Pitzer und Sebastian (2000).

Der Fokus des Literaturüberblicks liegt in der Darstellung der methodischen Entwicklung sowohl in statischer als auch in dynamischer Hinsicht und zwar sowohl hinsichtlich der internationalen Literatur als auch betreffend der Schweizer Forschung (Kapitel 3.2).

Aus der bestehenden Literatur können Erkenntnisse für die vorliegende Arbeit übernommen werden (Kapitel 3.3).

3.2 Stand der Forschung

3.2.1 Neuere Entwicklungen in der internationalen Literatur

Tabelle 3.1 zeigt verwendete statistische Methoden sowie zentrale Ergebnisse einer Reihe von neueren Artikeln der internationalen Literatur, deren Erkenntnisse in die vorliegende Studie einfliessen. Dabei weist insbesondere die internationale Literatur wesentliche neue methodische Erkenntnisse auf, vor allem die Nichtlinearität gewisser hedonischer Preise bzw. deren Messung (Kapitel 5 und 6) sowie die Überlegenheit indirekter Indexkonstruktionen gegenüber der direkten Indexkonstruktion (Kapitel 7).

Autoren	Gegenstand der Analyse
Bourassa, Cantoni, Hoesli (2005)	Vergleich der regionalen Differenzierung der Teilmärkte mittels geostatistischer Modelle, Lattice Modellen sowie OLS mit räumlichen Indikatorvariablen für Auckland, Neuseeland. Die Autoren finden, dass der OLS mit räumlichen Indikatorvariablen ähnlich gute Ergebnisse zeitigt, wie die anderen Modelle.
Case et al. (2004)	Vergleich von vier Modellen mit räumlichen und zeitlichen Komponenten. Verwendet werden Kriging-Methoden und Nearest Neighbours Modelle.
Clapp (2004)	Direkte, jährliche Preisindizes für EFH in einem Vorort von Washington D.C.; 1972 bis 1991 mit linearer Berücksichtigung der Objekteigenschaften und nichtlinearer Berücksichtigung von Raum und Zeit; N: 49'511, R^2: 0.88.
McMillan, McDonald (2004)	Direkte, parametrische, jährliche Preisindizes für EFH in Chicago; 1983 bis 1999; N: 17'034; R^2: 0.699.
Bourassa, Hoesli, Sun (2003)	Finden einen positiven Einfluss ästhetischer Externalitäten wie Sicht auf das Meer für drei Städte in Neuseeland 1986 bis 1996 und insbesondere ändernde implizite Preise in der dynamischen Betrachtung unter Verwendung jährlicher Querschnittsgleichungen, R^2: 0.72 bis 0.85.
Nelson (2003)	Meta-Analyse von 33 Studien über den Einfluss von Fluglärm auf Immobilienpreise in den USA und Kanada über den Zeitraum 1970 bis 1991. N: 24 bis 6'553; R^2: 0.50 bis 0.92.
Maurer, Pitzer, Sebastian (2000)	Direkte, parametrische, quartalsweise Preisindizes für EWG in der Stadt Paris, differenziert nach Quartier mit Box-Cox-Transformation 1990 bis 1999; N: 84'686; R^2: 0.89.
Wolverton, Senteza (2000)	Direkte, jährliche, regional differenzierte Preisindizes für EFH für vier Regionen der USA 1986 bis 1992; N: 5'466; R^2: 0.59.
Murray, Sarantis (1999)	Diskussion der Überlegenheit indirekter Preisindizes gegenüber direkten Preisindizes anhand von Autopreisen in England.
Schwann (1998)	Zeigt, dass hedonische Indizes auch bei kleinen Stichprobengrössen erstaunlich robust sind.
Wallace (1996)	Nichtparametrische Regression mit Loess und Indexdiskussion für einige Gemeinden der USA für die Zeitpunkte 1. Q. 1970 und 1. Q. 1995.
Mok, Chan, Cho (1995)	Querschnittsanalyse mit EWG in Hong Kong – Evaluation von Parametern bei Box-Cox Transformation; N: 1'027; R^2_{adj}: 0.392 bis 0.493.

Tabelle 3.1: Neuere internationale Literatur

3.2.2 Entwicklungen zu Schweizer Immobilienmärkten

Die Schweizer Literatur ist insofern hilfreich, als die Studien diejenigen Märkte betreffen, die auch Gegenstand der vorliegenden Arbeit sind. Zudem kommt den frühen Studien aus dem Umfeld von Bender und Hoesli, aber auch der Studie der ZKB (Bignasca et al. 1996) europaweit im Bereich Wohneigentum Pioniercharakter zu (vgl. Tab. 3.2).[35]
Im Gegensatz zu vielen anderen Ländern ist die hedonische Methode in der Schweiz auch in der praktischen Anwendung weit verbreitet. Entsprechende Modelle werden durch kommerzielle Anbieter bereitgestellt.
Bekannt sind die hedonischen Modelle und Indizes der ZKB für den Kanton Zürich (vgl. z.B. ZKB 2004). Landesweit differenziert sind die Modelle und Indizes von IAZI (2004) – Grundlage dazu bilden die Arbeiten von Bender und Hoesli (Bender und Hoesli 1999, S. 1) – sowie die Modelle und Indizes der Immobilienberatungsfirma Wüest&Partner. Letztere Modelle wurden bisher nicht publiziert, werden aber in einem quartalsweisen Qualitätsbericht zu Handen der Kunden beschrieben (vgl. auch Fahrländer 2001a und 2001b sowie Fahrländer und Hausmann 2001 sowie Wüest&Partner 2004b). In seinem neuesten Werk stellt Fierz (2005) ebenfalls ein hedonisches Modell vor.

---

[35] Noch früher erschienen Studien zur hedonischen Erklärung von Mietwohnungspreisen in Lausanne (Thalmann 1987) sowie zu Bodenpreisen (Farago und Scheidegger 1988).

Autoren	Gegenstand der Analyse
Salvi, Schellenbauer, Schmidt (2004), vgl. auch ZKB (2004)[36]	Direkte parametrische jährliche bzw. quartalsweise Preisindizes für EWG und EFH im Kanton Zürich 1980 bis 2004 mit GIS-basierten Lageattributen. Die Indizes sind auf der Homepage der ZKB abrufbar.
Fahrländer (2001a und 2001b); vgl. auch Wüest& Partner (2004b)	Indirekte regional differenzierte Preisindizes für EWG und EFH für die gesamte Schweiz, 1985 bis 2005. Die Indizes werden laufend aktualisiert und sind auf der Homepage von Wüest&Partner abrufbar.
Din, Hoesli, Bender (2001)	Verwendung GIS-basierter GEO-Indizes und Artificial Neural Networks zur Konstruktion von Preisindizes im Kanton Genf 1978 bis 1992.
Scognamiglio (2000), vgl. auch IAZI (2004)	Vorstellung direkter parametrischer Preisindizes für EWG und EFH für die Schweiz, Sept. 1996 bis August 1997; N: 912 (EFH), 1'038 (EWG); s_{MAV}:0.162 (EFH), 0.149 (EWG). Die Indizes bzw. Weiterentwicklungen davon sind auf der Homepage von IAZI abrufbar.
Bender et al. (1996)	Vorstellung GIS-basierter Geo-Indizes für die Standortqualität in Genf, Lugano und Zürich.
Hoesli, Favarger, Ciacotto (1997)	Direkte, log-lineare jährliche Preisindizes für EFH-Bauland im Kanton Genf 1970 bis 1993, N = 959; R^2_{korr}: 0.80; Repeat sales von EWG mangels hinreichender Verfügbarkeit der Objekteigenschaften für die Periode 1968 bis 1993; N = 807; R^2_{korr}: 0.81.
Bignasca et al. (1996)	Direkte, parametrische jährliche bzw. quartalsweise Preisindizes für EWG und EFH im Kanton Zürich 1980 bis 1995.
Bender, Gacem, Hoesli (1994)	Direkte, und indirekte lineare, log-lineare und semi-logarithmische Preisindizes für den Kanton Genf 1978 bis 1992, R^2_{korr}: 0.75 bis 0.77. Darstellung der Überlegenheit gegenüber Durchschnittspreisen.

Tabelle 3.2: Neuere Schweizer Literatur

---

[36] Gegenwärtig wird – nach einer erneuten Revision – ausschliesslich ein aggregierter Index für Wohneigentum als solches ausgewiesen. Nutzungsspezifische Indizes werden in Aussicht gestellt.

3.3 Diskussion und Konsens in der Literatur

Konsens in der Literatur ist es, dass Querschnittsanalysen sowie die Konstruktion von Preisindizes für Wohneigentum nur dann aufschluss-reiche Resultate ergeben, wenn entweder repeat sales, also die Preisver-änderungen mehrfacher Verkäufe derselben Immobilien, betrachtet werden oder hedonische Modelle als Basis dienen. Hedonische Modelle zeitigen dabei auch bei relativ geringen Stichprobengrössen robuste Ergebnisse (Schwann 1998). Berechnungen basierend auf Durchschnitts- oder Medianstückpreisen gelten aufgrund der mangelhaften Berück-sichtigung von Objekteigenschaften als problematisch (vgl. z.b. Maurer, Pitzer und Sebastian 2000, S. 1f. Wolverton und Senteza 2000 oder Bender, Gacem und Hoesli 1994, S. 525 und S. 532). Letztere berechnen sowohl direkte als auch indirekte hedonische Indizes für den Kanton Genf und vergleichen diese mit Indizes basierend auf der Basis von ansonsten nicht qualitätsbereinigten m²-Preisen.[37] Sie schreiben: „(...), l'indice qui en découle (A.d.A.: hedonischer Index) reflète, aux dires des pro-fessionels, bien mieux l'évolution du prix de l'immobilier au cours de la période considérée que l'indice calculé sur la base du prix de vente moyens au m²" (Ebd., S. 533).

Während in frühen Studien mehrheitlich log-lineare Methoden verwendet werden, wird in der neueren Literatur vermehrt auf Nicht-linearitäten hingewiesen, die durch reine Logarithmustransformation nicht hinreichend gut abgebildet werden können. So schreiben Ekeland, Heckman und Nesheim (2003): „The exact economic model that justifies widely used linear approximations has strange properties so the approximation is doubly poor. A semiparametric estimation method is proposed that is valid when a statistical independence assumption is valid". Aus diesem Grund werden in neueren Studien nichtparametrische, stückweise log-lineare und quad-ratische Parametrisierungen vorgeschlagen (vgl. z.B. Clapp 2004 sowie Kapitel 5 und 6).

In der dynamischen Betrachtung kommen viele Autoren zum Schluss, dass die Koeffizienten – also die impliziten Preise – in einer länger-fristigen Betrachtung ändern (vgl. z.B. Murray und Sarantis 1999) und dass nach Möglichkeit zur Indexkonstruktion so genannte indirekte Indizes basierend auf periodischen Querschnittsanalysen verwendet wer-den sollten (vgl. z.B. Maurer, Pitzer und Sebastian 2000 sowie Kapitel 7).

---

[37] Zur direkten und indirekten Indexkonstruktion vgl. Kapitel 7.

Verschiedene Studien zeigen zudem – auch in einer eher kleinräumigeren Betrachtung –, dass die Entwicklung der Immobilienpreise regional unterschiedlich sein kann. (vgl. z.B. Wolverton und Senteza 2000). Diese Unterschiede können auf kleinräumiger Ebene aber gering sein (Salvi, Schellenbauer und Schmidt 2004, S. 86).

Konsens ist es weiter, dass für die Erklärung von Immobilienpreisen der Attraktivität des Standorts die entscheidende Bedeutung zukommt. Dabei ist sowohl der Region in einer Makrobetrachtung (Makrolage) als auch den Attributen der kleinräumigen Umgebung (Mikrolage) die gebührende Beachtung zu schenken.[38] Die Analyse solcher Attribute – wie Steuerbelastung, wirtschaftliche Dynamik, Fluglärm, soziales Umfeld, Aussicht bzw. Fernsicht, Verkehrserschliessung etc. bis hin zu – in unserer Kultur eher exotischeren – Eigenschaften wie Hausnummern (Stichwort: „Feng Shui", vgl. Bourassa und Peng 1999) ist Gegenstand von Forschungen. Mit der Verfügbarkeit GIS-basierter Informationen auf Stufe Einzelobjekt kann einzelnen Standortattributen zunehmend Beachtung geschenkt werden (vgl. z.B. Bender et al. 1996, Din, Hoesli und Bender 2001, sowie Salvi, Schellenbauer und Schmidt 2004).

---

[38] Die Aspekte der Standortattraktivität beeinflussen die Erstellungskosten einer Immobilie wenig, äussern sich also im Landwert der Liegenschaft (vgl. Kapitel 2.4.2).

3.4 Würdigung

In der Literatur sind neben vielen rein empirischen Auswertungen von Datensätzen verschiedentlich auch neue methodische Entwicklungen Gegenstand der Forschung. Insbesondere die Modellierung von nichtlinearen Zusammenhängen ist zunehmend ein Thema (vgl. Kapitel 5 und 6).

Leider liegt der Fokus der Literatur meistens in einer eher kleinräumigen Betrachtung, die räumliche Generalisierung von Preisniveaus (vgl. Kapitel 6) sowie Untersuchungen zu regionalen Unterschieden der hedonischen Preise ist selten Gegenstand der Analysen (vgl. Kapitel 5, 7 und 8).

In neuesten Artikeln wird zunehmend mit geocodierten Daten gearbeitet. Der Wert solcher Daten liegt einerseits in der Möglichkeit der Verwendung anderer Datenquellen zur besseren Beschreibung sowie zur Objektivierung der Lageattribute, andererseits weisen Geokodierungen ein Potential bei der Analyse räumlicher Ausbreitungsmuster auf (vgl. Kapitel 6).

Obwohl in den meisten Studien aufgrund einer ansonsten dünnen Datenlage direkte Indexkonstruktionen verwendet werden, wird darauf hingewiesen, dass korrekterweise indirekte Indexkonstruktionen verwendet werden sollten (vgl. Kapitel 7 und 8).

Auf andere spannende Themen von Studien in der Literatur, wie beispielsweise der Einfluss der Verhandlungsmacht auf den Kaufpreis (vgl. z.B. Harding, Knight und Sirmans 2003 oder Springer 1996), unterschiedliche Geschwindigkeiten der Preisanpassungspfade von Immobilien in Abhängigkeit von der regionalen wirtschaftlichen Entwicklung (vgl. z.B. Glaeser und Gyourko 2004) und andere Aspekte, kann im Rahmen dieser Arbeit nicht näher eingegangen werden. Die erwähnten Aspekte sind aber für weiterführende Arbeiten z.B. bei der Risikoanalyse von Wohneigentum von Bedeutung.

4. Daten

4.1 Einleitung

Für die vorliegende Arbeit ist es gelungen, Rohdaten folgender acht Firmen zu erhalten.

Alternative Bank Schweiz, Olten	ABS
Banque Cantonale Vaudoise, Lausanne	BCV
Helvetia Patria Versicherungsgesellschaft, Basel	HPV
Luzerner Kantonalbank, Luzern	LUKB
Thurgauer Kantonalbank, Weinfelden	TKB
UBS, Zürich	UBS
Zürcher Kantonalbank, Zürich	ZKB
Zürich Versicherungsgesellschaft, Zürich	ZVG

Tabelle 4.1: Rohdatenquellen

Einige der Firmen sind landesweit tätig, so dass eine gute regionale Abdeckung des Marktes erzielt wird. Durch die Kantonalbanken ergeben sich deutlich grössere Abdeckungen in den jeweiligen Kantonen. Zudem decken die acht Firmen unterschiedliche Kundensegmente ab.[39] Dank dieser breiten Basis kann angenommen werden, dass die erfassten Daten den Markt gut repräsentieren.

Insgesamt wurden per 31. Dezember 2004 die vollständig beschriebenen Daten von 110'800 EWG und EFH mit einer Summe der Kaufpreise von mehr als 71 Mia. CHF zur Verfügung gestellt. Weitere knapp 19'000 Datensätze – insbesondere auch zu den Jahren 2003 und 2004 – sind in der ersten Hälfte des Jahres 2005 hinzugekommen.

Per Ende des 2. Quartals 2005 stehen insgesamt 129'665 beschriebene Transaktionen von EWG und EFH zur Verfügung.

Zur Schätzung statistischer Modelle werden neben dem Transaktionspreis als Zielgrösse Ausgangsvariablen benötigt, die die Objektqualität möglichst gut beschreiben. Einige objektspezifische Eigenschaften werden von den beteiligten Firmen erhoben und zur Verfügung gestellt. Neben den erfassten Variablen (Kapitel 4.2) können weitere Informationen generiert oder über die Standortinformationen anhand anderer Quellen zugeordnet werden (Kapitel 4.3).

---

[39] Bei einigen Banken umfasst die Erhebung das Retailgeschäft, bei anderen zudem auch dasjenige mit vermögenden Privatkunden.

Diese Daten gilt es einerseits zu bereinigen (Kapitel 4.4), andererseits müssen diese deskriptiv analysiert werden um die Verteilungen der Variablen hinsichtlich Auffälligkeiten und Repräsentativität zu beurteilen (Kapitel 4.5).

4.2 Erfasste Variablen

Sechs der acht Datengeber verwenden bei der Erfassung der Variablen die Definitionen von Wüest&Partner, so dass ein Grossteil der Daten nach einheitlichen Kriterien erfasst ist. Teilweise unterschiedlich erhoben werden die Variablen zur Beurteilung des Zustands, des Standards sowie der Lage innerhalb der Gemeinde durch die BCV sowie die ZKB. Diesem Umstand ist durch geeignete Transformation Beachtung zu schenken.

Variablen	EWG	EFH
Objektart	✓	✓
Art des Erwerbs	✓	✓
Transaktionsdatum	✓	✓
Transaktionspreis	✓	✓
Makrostandort	✓	✓
Gebäudevolumen		✓
Grundstücksfläche		✓
Wohnfläche	✓	
Baujahr	✓	✓
Zustand	✓	✓
Standard	✓	✓
Freistehend / zusammengebaut		✓
Lage in der Gemeinde	✓	✓
Anzahl Garagenplätze	✓	✓
Erstwohnsitz / Ferienwohnung bzw. –haus	✓	✓
Weitere Informationen (Ausschlusskriterien)	✓	✓

Tabelle 4.2: Erfasste Variablen: Übersicht

Die meisten Datensätze wurden von den Firmen nach 1998 erhoben. Die Spezifikationen der Objekte wurden ebenfalls in diesem Zeitraum, und damit nicht zwingend zum Transaktionszeitpunkt, erfasst.

Die Ausnahme bildet die ZKB, deren Variablen zum Zeitpunkt der Transaktion erfasst werden. Bei Objekten mit Transaktionszeitpunkt vor 1998 muss deshalb die Annahme getroffen werden, dass sich die erfassten Merkmale zwischen dem Zeitpunkt der Transaktion und dem

Erfassungszeitpunkt nicht verändert haben, was in der kurzen und mittleren Frist keine grösseren Probleme verursachen sollte. Einzig der Zustand der Immobilie dürfte sich über die Zeit systematisch verändert haben und es ist nicht bekannt, ob und wann Renovationen stattgefunden haben.

Objektart
Information, ob es sich beim erfassten Objekt um ein Einfamilienhaus mit individuell zuordenbarer Grundstücksfläche oder um eine Eigentumswohnung handelt.

Art des Erwerbs
Es fliessen ausschliesslich solche Objekte in die Stichproben ein, die einen echten, auf dem freien Markt erzielten Transaktionspreis aufweisen (Freihandtransaktionen). Explizit ausgeschlossen sind Transaktionen zwischen Verwandten, Notverkäufe, Erbschaften, Schenkungen etc.

Transaktionsdatum
Datum, an dem die Transaktion des Objektes vereinbart wurde.
Dabei wäre aus ökonomischer Sicht weniger das Datum der Vertragsunterzeichnung oder des Eintrages im Grundbuch entscheidend, sondern das möglichst exakt eingegrenzte Datum der Willensbildung und des Konsenses zwischen den Vertragsparteien.
Bei der Erfassung dieser Variable ist die Handhabung allerdings unterschiedlich, das exakte Transaktionsdatum ist nicht eruierbar. Es ist davon auszugehen, dass in den meisten Fällen das Datum des Kaufvertrages eingegeben wurde, in vielen Fällen aber wohl das Datum der Grundbucheintrages, so dass bezüglich des exakten Transaktionsdatums eine gewisse Unsicherheit von einigen Wochen bis Monaten besteht, im Einzelfall gar von Jahren.

Transaktionspreis
Der im Kaufvertrag festgelegte Kaufpreis des Objektes in CHF exklusive
Steuern und Gebühren sowie Maklerhonorare etc.. Dieser ist üblicherweise als Kaufpreis inklusive Garagen- und Aussenparkplätzen zu verstehen.[40]
Es kann nicht überprüft werden, ob die vertraglich festgelegten ausgewiesenen Kaufpreise den effektiven Kaufpreisen entsprechen oder ob
bei den Transaktionen noch weitere, nicht deklarierte Zahlungen bzw.
Leistungen getätigt werden. Insgesamt wird davon ausgegangen, dass die
deklarierten Preise überwiegend den effektiven Preisen entsprechen.

Makrostandort
Erfasst sind die PLZ sowie die politische Gemeinde des Objektstand-
orts.[41]
Diese beiden Variablen bilden die Grundlage für die Ortschaftenliste.

Wohnfläche EWG
Für die EWG-Modelle wird die Nettowohnfläche (NWF) als Indikator
für die Objektgrösse verwendet.
Die erfasste NWF entspricht im Wesentlichen der Hauptnutzfläche
(HNF) gemäss SIA 416 und ist diejenige Fläche, „(…,) welche(r) der
Zweckbestimmung und Nutzung des Gebäudes im engeren Sinn dient."
(SIA 2003, S. 9). Nicht darin enthalten und nicht erfasst sind die
Nebennutzflächen (NNF) wie Waschküchen, Estriche, Keller etc.
Falls die NWF in Einzelfällen nicht verfügbar ist, wird die Brutto-
geschossfläche (BGF) – also zusätzlich zur NWF die Mauerquerschnitte
sowie Steigzonen – erfasst.[42] In der Praxis hat sich gezeigt, dass bei der
Umrechnung von BGF in NWF bei der Betrachtung von Eigentums-
wohnungen ein Multiplikator von 0.85 sehr gute Ergebnisse zeitigt.[43]

---

[40] Ob der Transaktionspreis exklusive oder inklusive Garagenplätze erfasst ist, wird
durch eine Indikatorvariable ausgedrückt. Die Zahl der Aussenparkplätze wird im
Allgemeinen nicht erfasst, diese dürften aber in einem Grossteil der Fälle ebenfalls im Kaufpreis enthalten sein.

[41] Verwendet werden die Gemeindenummern der politischen Gemeinden gemäss
BFS, Stand 1. Januar 2005.

[42] Diese Umrechnung muss bei rund 4 Prozent der EWG vorgenommen werden.

[43] Vgl. z.B. Canonica (2000, S. 37). Dieser Faktor kann durch eigene Berechnungen
aufgrund der Stichproben bestätigt werden (MW = 0.86, MED = 0.87, N = 70).

$$NWF = BGF \cdot 0.85 \tag{4.1}$$

Dass die Nettowohnflächen – obwohl eigentlich objektiv messbar – mit einer gewissen Unsicherheit behaftet sind, verdeutlicht Abb. 4.1. Die NWF wird in der Praxis oftmals auf 5 m² gerundet. Bei einem beträchtlichen Teil der Angaben dürfte es sich also um Approximationen, die die NWF auf einige Prozent genau wiedergeben, handeln.[44]

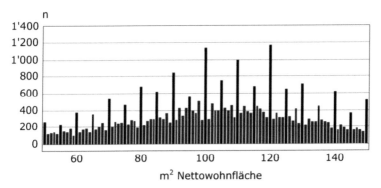

Abbildung 4.1: Häufigkeiten nach m² NWF im Intervall 50 - 150 m²
Quelle: Eigene Berechnungen; bereinigte EWG-Daten.

Gebäudevolumen EFH
Für die EFH-Modelle wird das Gebäudevolumen nach SIA 416 (SIA 2003) verwendet und mit VOLSIA03 bezeichnet.
Erfasst sind mehrheitlich Gebäudevolumen nach SIA 116 (vgl. SIA 1952), gemäss SIA 416 (vgl. SIA 2003) bzw. nach einer Definition der jeweiligen öffentlich-rechtlichen kantonalen Gebäudeversicherungsanstalten GVA. In der neuen Norm SIA 416 (SIA 2003) wird im Gegensatz zu den bisherigen Normen der SIA weitgehend auf Zuschläge für Balkone, auskragende Gebäudeteile, begehbare Dächer, beheizte Kellerräume etc. verzichtet. Die Norm SIA 416 entspricht damit weit-

---

Bei den EFH wird – ohne Berücksichtigung von Keller- sowie Dachgeschossen – von einem Umrechnungsfaktor von 0.90 ausgegangen.

[44] Ähnliche Muster zeigen das Gebäudevolumen sowie die Grundstücksfläche für die EFH. Diese Approximationen stellen kein Problem per se dar, dürften aber die Varianz der Schätzwerte etwas erhöhen (vgl. auch Hampel 1985, S. 1).

gehend den üblichen Definitionen der kantonalen GVA.[45] In 11 Kantonen werden die Gebäudevolumen gegenwärtig von den GVA nach SIA Normen berechnet.[46]

In der Praxis hat sich gezeigt, dass das Volumen gemäss SIA 116 für gängige Einfamilienhäuser im Mittel 12 Prozent grösser ist als das Gebäudevolumen gemäss GVA bzw. gemäss SIA 416:[47]

$$VOLSIA03 = VOLSIA93 \cdot 0.893 \qquad (4.2)$$

Für einige der EFH sind keine Gebäudevolumen erfasst, sondern die BGF bzw. die NWF. NWF werden nach obiger Vorschrift auf BGF umgerechnet.

Schliesslich werden die BGF mit einem Faktor zur Berechnung des Gebäudevolumens nach SIA 416 multipliziert.[48]

Mangels zusätzlicher Information wird dabei davon ausgegangen, dass es sich bei der Liegenschaft jeweils um ein unterkellertes, zweigeschossiges Haus mit Satteldach handelt. Durch Division der BGF durch 2 resultiert die Geschossfläche (GF). Diese wird mit 2.7 multipliziert, um zum Volumen pro Geschoss zu gelangen.[49] Schliesslich wird dieses Volumen

---

[45] Die Volumendefinitionen sind gemäss der föderalistischen Tradition des Landes von Kanton zu Kanton verschieden und unterscheiden sich teilweise auch von den Definitionen der kommunalen Bau- und Zonenordnungen.

[46] Es sind dies die Kantone AG, AR, BL, BS, FR, GL, GR, LU, NW, SH sowie SG, wobei anzumerken ist, dass in einigen Kantonen Volumenberechnungen nach unterschiedlichen Normen zulässig sind. Zudem verwenden einige Kantone die SIA 116 ausschliesslich für Neubauten und ab einem bestimmten Stichjahr. Per 1. Januar 2004 haben zudem einige Kantone damit begonnen, Gebäudevolumen von Neubauten nach der neuen Norm SIA 416 zu berechnen, die alte Norm SIA 116 wird aber weiterhin akzeptiert. Für die Umstellungen auf SIA 416 gelten – falls eine solche schon beschlossen ist – lange Umstellungsfristen. Die sieben Kantone BE, JU, NE, SO, VD, ZG, ZH verwenden eigene Normen zur Volumenberechnung, die der neuen SIA 416 sehr ähnlich sind. Die übrigen Kantone kennen keine kantonale Gebäudeversicherung. Vgl. auch Anhang II.

[47] Diese Approximation wird für zweigeschossige, unterkellerte EFH mit Satteldach verwendet.

[48] Der Unterschied zwischen GF und BGF ist üblicherweise gering. Allerdings bezieht sich die GF in einigen Kantonen auf die Flächen exklusive Aussenmauern, in anderen Kantonen auf die Flächen inklusive Aussenmauern. Zudem dürften noch weitere Unterschiede bestehen.

[49] Diese typische Etagenhöhe (Oberkante bis Oberkante) wird auch von Naegeli und Wenger (1997, S. 174) vorgeschlagen.

pro Geschoss mit 3.5 multipliziert um so das Gebäudevolumen nach
SIA 416 anzunähern:

$$VolSIA03 = \frac{GF}{2} \cdot 2.7 \cdot 3.5 \text{, bzw.} \tag{4.3}$$

$$VolSIA03 = \frac{NWF \cdot 1.176}{2} \cdot 2.7 \cdot 3.5 \tag{4.4}$$

Wie die NWF der EWG sind auch die Gebäudevolumen oftmals
Approximationen. Zudem besteht eine gewisse Unsicherheit aufgrund
der unterschiedlichen Volumendefinitionen.

Grundstücksfläche EFH
Für die EFH wird der in der Bauzone liegende Teil der veräusserten
Parzelle gemäss Grundbuchauszug erfasst.

Baujahr
Ursprüngliches Baujahr der Immobilie (Bauvollendung).

Zustand
Fünfstufiger Indikator zur Beurteilung des Zustandes eines Objektes
zum Zeitpunkt der Erfassung.

Stufe	Interpretation	Verteilung EWG	Verteilung EFH
1	Erneuerungsbedürftig	1.5%	4.0%
2	Beeinträchtigt	1.2%	5.7%
3	Intakt	12.7%	20.6%
4	Guter Zustand	34.8%	38.1%
5	Neuwertig	49.9%	31.7%

Tabelle 4.3: Ausprägungen des Indikators Zustand
Quelle: Erfassungsvorschriften Wüest&Partner (2002, S. 12), eigene Berechnungen.

Standard

Fünfstufiger Indikator zur Beurteilung des Ausbaustandards eines Objektes zum Zeitpunkt der Erfassung.[50]

Stufe	Interpretation	Verteilung EWG	Verteilung EFH
1	Dürftig	0.1%	0.8%
2	Mit Defiziten	0.9%	4.4%
3	Gängig	52.4%	59.2%
4	Gehoben	41.3%	32.2%
5	Luxuriös	5.3%	3.4%

Tabelle 4.4: Ausprägungen des Indikators Standard
Quelle: Erfassungsvorschriften Wüest&Partner (2002, S. 13), eigene Berechnungen.

Freistehend / zusammengebaut

Für den Objekttyp EFH wird über eine Indikatorvariable erfasst, ob es sich um ein freistehendes EFH – mit rund 75% der Beobachtungen der Normalfall – oder um ein zusammengebautes Objekt handelt. Die Information freistehend / zusammengebaut ist weitestgehend vorhanden. In Einzelfällen wird die Information imputiert.

Mikrolage

Fünfstufiger Indikator zur Beurteilung der Attraktivität des Objektstandorts im Vergleich zur Gesamtheit der Wohnlagen innerhalb einer Gemeinde bzw. eines Stadtquartiers zum Zeitpunkt der Erfassung.[51]

Stufe	Interpretation	Verteilung EWG	Verteilung EFH
1	Unattraktiv	0.0%	0.2%
2	Beeinträchtigt	0.5%	2.0%
3	Durchschnittlich	14.2%	30.5%
4	Gute Lage	29.4%	55.2%
5	Beste Lage	55.9%	12.0%

Tabelle 4.5: Ausprägungen des Indikators Mikrolage
Quelle: Erfassungsvorschriften Wüest&Partner (2002, S. 14), eigene Berechnungen.

---

[50] Der Standard wird für die Daten der ZKB aufgrund anderer Informationen generiert.

[51] Üblicherweise wird die Mikrolage im Vergleich zur gesamten Wohnzone innerhalb der politischen Gemeinde erfasst, in den fünf Grosszentren auf Stufe der Stadtkreise bzw. -quartiere. Vgl. dazu beispielsweise Canonica (2000, S. 64f.), Naegeli und Wenger (1997, S. 26f.) und Wüest&Partner (2002, S. 14).

Anzahl Garagenplätze
Die Anzahl der im Kaufpreis enthaltenen Einstellhallen- und Garagenplätze wird als eigene Variable erfasst.[52]
Diese Variable ist insofern problematisch, als die Erfassung der Zahl der Garagenplätze grundsätzlich bei der Erfassung kein Pflichtfeld darstellt. Der Anteil von rund 20% Objekte ohne Garagenplätze in den Rohdaten dürfte zu hoch sein. Die Verteilungen zeigen, dass fast 99 Prozent der Objekte höchstens 3 Garagenplätze aufweisen.

Erstwohnsitz / Ferienwohnung bzw. –haus
Über eine Indikatorvariable wird erfasst, ob es sich um einen Erst- oder Zweitwohnsitz handelt. Insbesondere in den Tourismusregionen ist der Anteil der Zweitwohnsitze gross.

Weitere Informationen
Zur Verbesserung der Rohdatenqualität stehen weitere Informationen – z.B. Baurecht oder Vorhandensein wertvermindernder Servitute – zur Verfügung, die als Ausschlusskriterien Verwendung finden.

4.3 Generierte Variablen und Annahmen
Aus den erfassten Informationen werden für beide Nutzungen weitere Variablen abgeleitet, die zur Modellierung der Immobilienpreise nützlich sind:

Variablen	EWG	EFH
Ortschaftenliste	✓	✓
Bereinigter Transaktionspreis	✓	✓
Exzessives Bauland		✓
Renovationsstufen	✓	✓
Makrolagen	✓	✓

Tabelle 4.6: Abgeleitete Variablen: Übersicht

---

[52] Bei den EFH werden nur diejenigen Garagenplätze erfasst, die nicht bereits im Volumen des EFH enthalten sind, die sich also in einem separaten Garagengebäude befinden.

Ortschaftenliste

Zur Schätzung der Modelle wird eine Ortschaftenliste mit 2'910 Einträgen verwendet, die aus den PLZ sowie der Information zur politischen Gemeinde abgeleitet wird.

Per 1. Januar 2005 zählt die Schweiz 2'780 Gemeinden, zu denen die Liegenschaften lückenlos zugeordnet werden können. Zudem ist die PLZ des Objektstandorts bekannt. Diese Liste umfasst 3'823 verschiedene PLZ. Aus der Kombination der Gemeindenummern sowie der PLZ ist es teilweise möglich, die Gemeindeliste weiter zu verfeinern. Insbesondere in den grossen Städten, einigen grossen Ortschaften im Mittelland und dem Tessin sowie in touristischen Regionen ist eine Verfeinerung durch die Generierung der Variable ORTSCH möglich und wichtig. Die generierte Ortschaftenliste, die die Grundlage der Makrolageparameter bildet, umfasst wie gesagt 2'910 Einträge (vgl. Anhang A1).

Beispiel: Die Gemeinde Bagnes umfasst 19 Ortschaften und Weiler mit einer Gesamtbevölkerung von 6'700 Einwohnern. Die einzelnen Ortschaften weisen eine grosse Heterogenität auf. Neben ländlich geprägten Weilern ist ebenfalls der bekannte Tourismusort Verbier mit 2'600 Einwohnern und rund 30'000 Betten in der Tourismusindustrie Teil dieser Gemeinde. Dieses – extreme – Beispiel zeigt die Notwendigkeit der Differenzierung der Makrolageparameter auf Stufe der einzelnen Ortschaften insbesondere in den touristisch geprägten Berggebieten.[53]

Die Bedeutung der Verwendung von Ortschaften anstelle von politischen Gemeinden wird in den kommenden Jahren immer wichtiger werden, da schweizweit eine grosse Zahl von Gemeindefusionen vorgenommen wurde bzw. angekündigt ist. In der jüngsten Vergangenheit betraf dies insbesondere die Kantone TG und FR, gegenwärtig verzeichnet zudem der Kanton TI, insbesondere die Region Lugano, eine grosse Zahl von Fusionen.

---

[53] Es kann zudem bezweifelt werden, dass die Erfassungsvorschrift der Variable Mikrolage – der Bezugsraum wäre die politische Gemeinde – in den genannten Fällen durch die Anwender eingehalten werden kann. Es ist wahrscheinlich, dass den Anwendern die politischen Gemeindegrenzen nicht bewusst sind, und dass demzufolge der Bezugsraum üblicherweise die Ortschaft ist.

Bereinigter Transaktionspreis
Der erfasste Transaktionspreis des Jahres 2004 wird für die Modellbildung (vgl. Kapitel 5 und 6) um die angenommenen Kaufpreise für die
Garagenplätze bereinigt. Die resultierende Variable ist als Kaufpreis
eines Objektes mit Parkplätzen oder höchstens einem Einstellhallenplatz
zu verstehen.

Es ist davon auszugehen, dass die Liegenschaften üblicherweise über
eine hinreichend gute Parkierungsmöglichkeit verfügen. Da die Aussenparkplätze und Fahrzeugunterstände nicht erfasst werden, sondern nur
die Zahl der Garagenplätze – und auch diese möglicherweise nicht
vollständig – wird nur dann eine Bereinigung vorgenommen, wenn mehr
als ein Einstellhallenplatz erfasst wurde. Diese Bereinigung könnte durch
Dummy-Variablen in einem log-linearen Modell erfolgen, allerdings
entspräche dies approximativ einem prozentualen Zuschlag, was aus
logischer Sicht wenig Sinn macht.

Der Garagenpreis würde dabei beispielsweise von der Wohnungsgrösse
abhängen. Aus diesem Grund erscheint es als sinnvoller, die mut-
masslichen Preise für die zusätzlichen Garagenplätze von den beobachteten Transaktionspreisen zu subtrahieren. Dazu werden sieben Regionen mit unterschiedlichen Annahmen gemäss Tab. 4.7 gebildet.

Region	2. Garage	3. Garage
Grosszentren	35'000	35'000
Mittelzentren	30'000	30'000
Klein- und Peripheriezentren	28'000	28'000
Agglomerationsgemeinden	28'000	28'000
Reiche Gemeinden	35'000	35'000
Touristische Gebiete	35'000	35'000
Übrige Gemeinden	25'000	23'000

Tabelle 4.7: Regionale Preise für Garagenplätze
Quelle: Eigene Erhebungen und Berechnungen; Preise in CHF.[54]

Exzessive Grundstücksfläche
Sind die erlaubte Ausnützungsziffer sowie die Grundstücksfläche eines
EFH bekannt, kann die Parzelle in notwendiges und exzessives Land
unterteilt werden. Zwar sind diese Informationen für die verfügbaren

---

[54] Diverse Gespräche mit Baufachleuten zeigen, dass die Erstellungskosten eines
Einstellhallenplatzes heute bei mindestens CHF 25'000 liegen.

EFH-Transaktionen nicht bekannt, doch können diese Informationen approximiert werden.[55] Die Bandbreite von 57 zufällig erhobenen Ausnützungsziffern für zweigeschossige Wohnzonen liegt zwischen 0.30 und 0.65, mit einem Mittelwert von 0.44 und einem Median von 0.45. Von diesen 57 Gemeinden weisen deren 15 zudem eine eingeschossige Wohnzone (Landhauszone) auf. Hier liegt die Bandbreite der AZ zwischen 0.15 und 0.40, mit MW = 0.29 und MED = 0.25. Aufgrund der Sichtung dieser BZO sowie diversen Gesprächen mit Architekten, Baufachleuten und Auskünften des ARE, ist davon auszugehen, dass im landesweiten Mittel eine AZ von 0.20 pro zugelassenes Vollgeschoss angenommen werden kann. Die AZ in der Zone W2 liegt demnach im Mittel bei 0.40, wobei in Reihenhaussiedlungen sowie in den Städten, den Agglomerationen und kleineren Bergdörfern generell von einer höheren AZ, in den ländlichen Gebieten sowie an den Toplagen auch innerhalb der Agglomerationen eher von einer geringeren AZ auszugehen ist.[56]

Kriterien	AZ
GEMTYP00 < 4; MIKRO < 5; EFHART = 1	0.45
GEMTYP00 < 4; MIKRO < 5; EFHART = 2	0.50
TYP00 < 4; MIKRO = 5	0.40
TYP00 > 3; AGGLO00 > 0; MIKRO < 5; EFHART = 1	0.40
TYP00 > 3; AGGLO00 > 0; MIKRO < 5; EFHART = 2	0.45
TYP00 > 3; AGGLO00 > 0; MIKRO = 5	0.35
TYP00 > 3 und ≠ 6; AGGLO00 = 0; MIKRO < 5; EFHART = 1	0.35
TYP00 > 3 und ≠ 6; AGGLO00 = 0; MIKRO < 5; EFHART = 2	0.40
TYP00 > 3 und ≠ 6; AGGLO00 = 0; MIKRO = 5	0.30
TYP00 = 6; MIKRO < 5	0.45
TYP00 = 6, MIKRO = 5	0.40

Tabelle 4.8: Theoretische Ausnützungsziffern EFH
Quelle: Kommunale BZO, Auskünfte ARE, eigene Erhebungen und Berechnungen. TYP00 bezeichnet den Gemeindetyp, MIKRO die Mikrolage, EFHART = 1 freistehende, EFHART = 2 zusammengebaute EFH und AGGLO00 die Agglomerationszugehörigkeit der Gemeinde.

---

[55] Die Approximation dürfte für die vorliegende Fragestellung kein Problem darstellen, da die Marktteilnehmer diese Unterscheidung – wenn überhaupt – wohl nicht auf Stufe „Quadratmeter", sondern eher auf Stufe „vernünftige Grössenordnung" vornehmen.

[56] In der Zone W2 sind üblicherweise unterkellerte Gebäude mit zwei vollen Wohngeschossen sowie einem (ausgebauten) Dachgeschoss zulässig.

Da das Gebäude und das zur Erstellung notwendige Land eine Einheit darstellen, wird in den Analysen neben dem Gebäudevolumen und der Parzelle zusätzlich die nicht notwendige Grundstücksfläche betrachtet. Dabei wird davon ausgegangen, dass in diesem Fall nicht die exakte zusätzliche Grundstücksfläche nach dem Buchstaben des Gesetzes relevant ist, sondern eine gut genäherte Grössenordnung. Die Zuordnung erfolgt gemäss Tabelle 4.8.

Renovationsstufen
Anstelle des Zustandes der Immobilien werden das Baujahr sowie die Differenz zwischen theoretischem Zustand ohne Renovationen und dem eingegebenen Zustand als Ausgangsgrössen verwendet.

Es ist offensichtlich, dass, wenn eine gute Schätzung für den Einfluss des Baujahres auf die Transaktionspreise vorliegt, die Information über den Zustand bei Neubauten irrelevant ist, da dieser definitionsgemäss immer neuwertig ist. Bei alten Liegenschafen, die einen theoretischen Zustand 1 aufweisen, spielt es aber durchaus eine Rolle, ob diese effektiv erneuerungsbedürftig sind, oder ob bereits mehr oder weniger stark renoviert wurde. Wenn eine solche Liegenschaft einen guten Zustand aufweist, wird eine entsprechende Erhöhung des Schätzwertes erwartet.

Makrolagen
Die entscheidende Variable zur Modellierung von Immobilienpreisen ist die Berücksichtigung des Makrostandorts der Immobilie. Diese soll ein Mass für die relative Attraktivität des Standorts – üblicherweise der Ortschaft – im Vergleich zu allen anderen Ortschaften darstellen.

In einem ersten Schritt werden zur Evaluation der Bewertungsmodelle die Preisniveaus der Ortschaften (Makrolagen) über fixe Effekte für den heutigen Zeitpunkt direkt aus den Daten geschätzt (Kapitel 5).

Anschliessend werden diese räumlich verallgemeinert um auch in denjenigen Ortschaften, in denen keine oder nur sehr wenige Daten vorliegen, Makrolagen zu schätzen, (Kapitel 6).

Diese Makrolagen werden schliesslich die Grundlage für eine geeignete Rückschreibung der Modelle und für die Indexkonstruktion bilden (Kapitel 7 und 8).

4.4 Bereinigte Stichproben und Ausschlussgründe

4.4.1 Ausschlusskriterien

Die rund 130'000 Rohdatensätze werden zunächst auf Vollständigkeit und Konsistenz geprüft. Ausgeschlossen werden Beobachtungen in den folgenden Fällen:

- Unvollständige Angaben;
- Kaufjahr vor 1985[57];
- Liegenschaften im Baurecht;
- Schwerwiegende, wertvermindernde Servitute;
- Baujahr vor 1920 oder Baujahr nach 2006;
- Bei Transaktionen vor 1998: Alter zum Transaktionszeitpunkt grösser als 30 Jahre;[58]
- Mehr als 3 Garagenplätze;
- EWG mit NWF kleiner als 20 m^2 oder NWF grösser als 280 m^2;[59]
- EFH mit VOLSIA03 kleiner als 200 m^3 oder VOLSIA03 grösser als 3'500 m^3;
- EFH mit LAND kleiner als 100 m^2 oder LAND grösser als 5'000 m^2.

4.4.2 Doublettenabgleich

Es ist bekannt, dass die Datenbank eine Anzahl von Doubletten enthält. Insbesondere wird gelegentlich mit den Qualitätsindikatoren „gespielt". Liegenschaften mit identischen Spezifikationen und gleichen Infor-

---

[57] In einigen wenigen – peripheren – Regionen, wo nur äusserst wenige Beobachtungen vorliegen, müssen die Beobachtungen aus dem Jahr 1984 für das Jahr 1985 verwendet werden.

[58] Dieser Ausschluss ist notwendig, da die Information zum Zustand der Immobilie nicht zum Transaktionszeitpunkt, sondern nach 1998 erfasst wurde und somit keine Information über den Objektzustand zum Transaktionszeitpunkt vorliegt. Insbesondere bei den EFH ist dies das wichtigste Ausschlusskriterium.

[59] Da statistische Modelle insbesondere für nicht allzu spezielle Objekte geeignet sind, erhöhen Spezialobjekte, wie Bauernhäuser mit grossem Umschwung oder sonst extrem spezifizierte Objekte primär die Varianz, ohne viel Erklärungsgehalt aufzuweisen. Zudem können solche extreme Spezifikationen Hebelpunkte sein (vgl. dazu Kapitel 5.1). Die Verteilungen der Grössenvariablen zeigen, dass nur sehr wenige Fälle aufgrund dieser Kriterien ausgeschlossen werden und die Variabilität der Ausprägungen immer noch sehr gross ist.

mationen zur Transaktion werden identifiziert. Davon ausgehend, dass der Anwender zunächst möglichst objektive Eingaben macht und, falls das Resultat nicht seinen Erwartungen entspricht, zu „spielen" beginnt, wird jeweils die erste Eingabe berücksichtigt. Die zusätzlichen Datensätze werden als Doubletten eliminiert.

4.4.3 Ausreisseridentifikation

In der vorliegenden Arbeit stehen Freihandtransaktionen von nicht allzu unüblichen Liegenschaften im Vordergrund. Dabei soll einerseits die Variabilität der Objektspezifikationen möglichst gross gehalten werden, andererseits sollen Objekte mit extremen Eigenschaften, die in der Realität äusserst selten sind, nicht Gegenstand der Betrachtungen sein. Bei der Analyse von Rohdaten stellt sich zudem immer die Frage nach Eingabefehlern. Erfahrungsgemäss ist bei 1% bis 10% der Rohdaten davon auszugehen, dass grobe Fehler bei der Erfassung vorliegen (vgl. z.B. Hampel 1995, S. 1 oder Hulliger 2004, S. 31).

Zur Identifikation von Ausreissern wird idealerweise das Huber-type skipped mean Verfahren angewandt (siehe Hampel 1985, Stahel 2002, S. 240 und Ruckstuhl 2004, S. 9). Dazu wird folgende Teststatistik berechnet:[60]

$$T = \left| \frac{x_i - median_j\left(x_j\right)}{s_{MAD}} \right| \tag{4.5}$$

mit x_i = m^2-Preis EWG bzw. m^3-Preis EFH und

$$s_{MAD} = median_i\left(\left|x_i - median_k\left(x_k\right)\right|\right)/0.6745, \tag{4.6}$$

also dem korrigierten Median der Absolutwerte der Differenzen zum Median der Beobachtungen (vgl. auch Kapitel 5.2.3). Die Analyse wird quartalsweise auf Stufe Ortschaften durchgeführt. Zudem werden nur diejenigen Ortschaften berücksichtigt, in denen im relevanten Zeitraum mindestens 5 Beobachtungen vorliegen, um die Zufälligkeit der Resultate zu verkleinern. Letztlich soll es bei der Ausreisseridentifikation darum gehen, nach Möglichkeit effektive Fehleingaben zu eliminieren, aber spannende Informationen, wie beispielsweise sehr hohe Preise in den Tourismusorten, nicht zu verlieren. Ruckstuhl (2004, S. 9) empfiehlt, als

---

[60] Dieses Verfahren wird von den genannten Autoren deshalb empfohlen, weil es sich dabei um ein robustes Verfahren mit einem hohen Bruchpunkt handelt. Insbesondere bei einer grösseren Anzahl von Ausreissern sei dieses Verfahren die letztlich einzige anwendbare Prozedur.

Schranke für den Test T den Wert 3.5 zu verwenden. Das heisst, Objekte mit T > 3.5 werden als Ausreisser identifiziert. Die Sichtung der Resultate zeigt, dass diese grobe Ausreisserelimination weitestgehend absichtsgemäss erfolgt sein dürfte, da keine Häufungen vorkommen und es in einem Grossteil der Fälle offensichtlich ist, dass bei der Eingabe des Kaufpreises eine um den Faktor 10 oder 100 falsche Zahl eingegeben wurde.

Die Ausreisserbegrenzung wird vorgenommen, um eine Triage vorzunehmen zwischen sehr wahrscheinlichen Fehleingaben, die keine relevante Information mehr enthalten und nur die Varianz der Modelle erhöhen würden und solchen – auch extremen – Objekten, die möglicherweise korrekte Eingaben enthalten und deshalb als interessante Informationen in den Stichproben belassen werden sollten. Letztlich geht es also nicht darum, sämtliche möglichen Ausreisser zu identi-fizieren – oftmals sind Ausreisser nur Ausreisser bezüglich des ver-wendeten Modells und können entsprechend zu Modellverbesserungen beitragen – sondern eine erste, grobe Bereinigung der Stichproben vor-zunehmen.

Kriterium	EWG		EFH	
	Anzahl	%	Anzahl	%
Rohdaten	*60'710*	*100.0*	*68'955*	*100.0*
Extreme Altbauten, unvollständige, unplausible bzw. extreme Spezifikation, Spezialfälle wie Baurecht etc., Doublettenabgleich	14'933		24'327	
Ausreisserbegrenzung mit Huber-type skipped mean	297		281	
Insgesamt eliminierte Beobachtungen	*15'230*	*25.1*	*24'608*	*35.7*
Bereinigte Rohdaten	*45'480*	*74.9*	*44'347*	*64.3*

Tabelle 4.9: Ausschlussgründe von Beobachtungen
Quelle: Eigene Berechnungen; Datenstand: 30. Juni 2005.

Bei beiden Nutzungen werden sehr viele Fälle aus den Rohdaten eliminiert. Dabei handelt es sich neben fehlenden wichtigen Objekt-eigenschaften in einigen Fällen um Transaktionen vor 1985 sowie um sehr alte Liegenschaften mit Transaktionszeitpunkt vor 1999 für die keine Informationen zum Objektzustand verfügbar sind. Dies ist insbe-sondere bei den EFH das mit Abstand wichtigste Ausschlusskriterium.

4.5 Deskriptive Statistik der Gesamtstichprobe

4.5.1 Regionale Verteilung der Beobachtungen

Die bereinigten Rohdaten beinhalten EWG aus 1'787 unterschiedlichen Ortschaften und Stadtkreisen bzw. aus 1'671 politischen Gemeinden. Erwartungsgemäss sind die EWG auf die Agglomerationen sowie die Tourismuszentren konzentriert. In einigen ländlichen Regionen können keine oder nur vereinzelte EWG-Transaktionen beobachtet werden. In diesen ländlichen Ortschaften wohnt allerdings nur ein sehr geringer Teil der Wohnbevölkerung. In den abgedeckten politischen Gemeinden wohnen immerhin rund 90 Prozent der Schweizer Wohnbevölkerung.

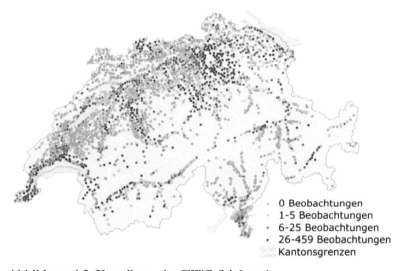

· 0 Beobachtungen
· 1-5 Beobachtungen
· 6-25 Beobachtungen
· 26-459 Beobachtungen
   Kantonsgrenzen

Abbildung 4.2: Verteilung der EWG-Stichprobe
Quelle: Eigene Auswertungen. Kartengrundlage: Swisstopo.

Bei den EFH ist die Abdeckung mit gut 85 Prozent der Gemeinden bzw. Ortschaften noch einmal bedeutend grösser als bei den EWG. Nur gerade in einigen Ortschaften in den Bergtälern liegen gar keine Beobachtungen vor. Allerdings weisen auch bei den EFH viele Ortschaften nur sehr wenige erfasste Transaktionen auf, so dass über die gesamte Periode von 20 Jahren wohl in diesen Gebieten ebenfalls keine Aussagen möglich sein werden. Dies umso mehr, als die Stichproben der jüngsten Jahre deutlich grösser sind als die Stichproben der früheren Jahre.

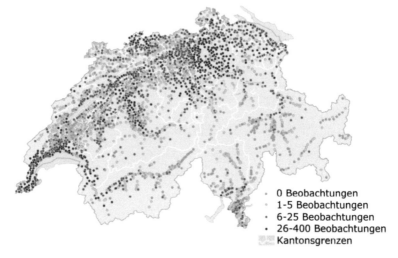

· 0 Beobachtungen
· 1-5 Beobachtungen
· 6-25 Beobachtungen
· 26-400 Beobachtungen
Kantonsgrenzen

Abbildung 4.3: Verteilung der EFH-Stichprobe
Quelle: Eigene Auswertungen. Kartengrundlage: Swisstopo.

	Gemeinden		Ortschaften	
	Anzahl	Prozent	Anzahl	Prozent
Eigentumswohnungen	1'671	60.0	1'787	61.4
Einfamilienhäuser	2'372	85.3	2'487	85.5
Insgesamt	*2'451*	*88.2*	*2'576*	*88.6*

Tabelle 4.10: Gemeinden und Ortschaften mit Beobachtungen
Quelle: Eigene Berechnungen.

Auch die Kreuztabellen mit der Unterscheidung nach Nutzung, Jahr und Region – aus praktischen Gründen werden diese Tabellen nicht abgebildet – zeigen eine grundsätzlich gute Verteilung der Daten, obwohl einige periphere Regionen chronische Informationsdefizite aufweisen. Statistische Aussagen in solchen Regionen sind deshalb immer schwierig und können auch nur ungenügend überprüft werden. In den grossen Ballungsräumen ist die Verfügbarkeit von Beobachtungen allerdings sehr gross. Dies ist teilweise auch dem Umstand zu verdanken, dass neben den landesweit tätigen Unternehmen gerade auch Kantonalbanken aus urbanen Kantonen Daten zur Verfügung stellen können. Insgesamt eher schwach ist die Datenlage in der Südschweiz, obwohl für die urbanen Gebiete pro Nutzung gut 1'000 Transaktionen vorliegen. Über die betrachtete Periode von 20 Jahren ist diese Zahl pro Jahr zwar nicht gerade überwältigend, aber doch hinreichend gross, um Aussagen machen zu können. Die Datenlage für die Tessiner Bergtäler ist hingegen eher prekär.

Region	Eigentumswohnungen			Einfamilienhäuser		
	N	Σ Preise (Mio.)	Median-preis	N	Σ Preise (Mio.)	Median-preis
Agglomeration Genfersee	8'172	4'489.9	510'000	7'066	6'589.0	800'000
Urbane Westschweiz	1'431	450.5	300'000	842	416.3	475'000
Ländliche Westschweiz	1'291	485.8	310'000	2'303	1'223.2	480'000
Agglomeration Mittelland	2'370	1'154.5	460'000	2'811	1'982.2	650'000
Agglomeration Basel	2'004	1'080.6	500'000	3'135	2'586.2	750'000
Agglomeration Zentralschweiz	2'010	1'420.4	620'000	1'134	1'069.7	800'000
Urbanes Mittelland	3'288	1'456.1	420'000	4'071	2'487.6	575'000
Ländliches Mittelland	2'015	890.7	430'000	4'400	2'606.0	570'000
Agglomeration Zürich	10'516	6'646.6	565'000	8'669	8'154.2	800'000
Agglomeration Ostschweiz	4'767	2'335.9	470'000	4'771	3'344.8	650'000
Ländliche Ostschweiz	1'342	638.4	438'000	2'500	1'637.2	605'000
Agglomeration Südschweiz	1'636	700.2	375'000	1'043	743.5	590'000
Ländliche Südschweiz	51	17.3	330'000	188	88.0	409'000
Tourismus-regionen	4'587	2'154.3	375'000	1'414	882.1	500'000
Insgesamt	*45'480*	*23'921.3*		*44'347*	*33'809.9*	

Tabelle 4.11: Bereinigte Stichproben nach Nutzung und Region
Quelle: Eigene Regionalisierung (vgl. Anhang A1); bereinigter Datenstand per 30. Juni 2005; Preise in CHF.

4.5.2 Entwicklung der mittleren Objektausprägungen

Über die gesamte Stichprobe betrachtet entwickeln sich die mittleren Grössen der EWG im Zeitverlauf recht stark. Während in der zweiten Hälfte der 1980er Jahre die mittleren NWF der EWG vorübergehend kleiner sind, entwickeln sich die mittleren Flächen im Laufe der 1990er Jahre auf heute rund 110 bis 115 m² (vgl. Abb. 4.4).

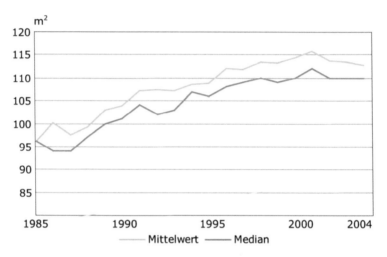

Abbildung 4.4: Mittlere Nettowohnflächen EWG 1985 bis 2004
Quelle: Eigene Berechnungen.

Die beobachteten Gebäudevolumen der EFH weisen einen solchen Trend nicht auf, sondern sind über den gesamten betrachteten Zeitraum annähernd konstant (vgl. Abb. 4.5). Gemäss diesen Auswertungen weist ein mittleres EFH ein Gebäudevolumen nach SIA 416 von rund 750 m³ auf, wobei die Differenz von Median und Mittelwert zeigt, dass auch viele sehr grosse EFH gehandelt werden.

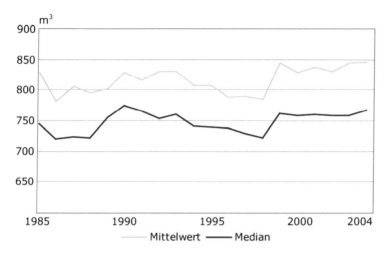

Abbildung 4.5: Mittlere Gebäudevolumen EFH 1985 bis 2004
Quelle: Eigene Berechnungen.

Bei der Analyse der Entwicklung der mittleren Grundstücksflächen (vgl. Abb. 4.6) ist zunächst ein Rückgang von rund 650 m² auf 450 m² festzustellen, der ab 1998 durch eine starke Vergrösserung der mittleren Flächen wieder kompensiert wird. Diese Entwicklung dürfte allerdings weniger die wahre Entwicklung des Marktes widerspiegeln, sondern eher darauf zurückzuführen sein, dass in den frühen Jahren der Untersuchung der Anteil von Objekten an urbanen Lagen sowie aus der Deutschschweiz grösser ist als in den neueren Jahren der Stichproben. Tendenziell weisen EFH in ländlichen Gebieten sowie in der Westschweiz grössere Grundstücksflächen auf als solche in den urbanen Regionen der Deutschschweiz.

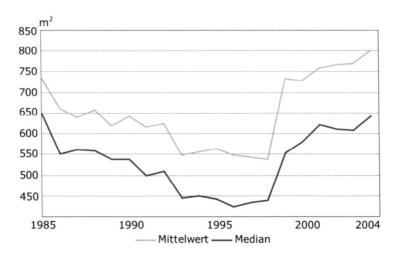

Abbildung 4.6: Mittlere Grundstücksflächen EFH 1985 bis 2004
Quelle: Eigene Berechnungen.

4.5.3 Einschätzung der Repräsentativität der Stichproben

Damit mit grosser Wahrscheinlichkeit davon ausgegangen werden kann, dass die Schätzfunktionen generell anwendbar sind und somit auch für solche Objekte verwendet werden können, die nicht Teil der Stichprobe sind, stellt sich die Frage nach der Repräsentativität. Allerdings stellt sich sofort die Frage: Repräsentativ bezüglich welcher Grundgesamtheit?

Primär sollten Beobachtungen bezüglich des Transaktionsmarkts repräsentativ sein, wobei sich die Frage stellt, ob denn der Markt systematische Unterschiede zum Bestand aufweist. Diese Frage ist bezüglich der NWF und der Gebäudevolumen eher zu verneinen. Hingegen ist der Neubauanteil im Transaktionsmarkt naturgemäss deutlich grösser als im Bestand. Entsprechend könnten auch die Verteilungen der Ausprägungen Zustand, Standard und Mikrolage der Stichproben zwar denjenigen des Marktes entsprechen, nicht aber unbedingt denjenigen des Bestandes. Falls die Modelle zur Vorhersage von Marktwerten von älteren Liegenschaften verwendet werden sollen, ist diesen Aspekten – trotz einer relativ geringen Wichtigkeit im Transaktionsmarkt – grosse Beachtung zu schenken.

Da die verfügbaren Daten aus den jeweiligen Erhebungen der Vertragspartner stammen, sind diese keine echten Zufallsstichproben und können grundsätzlich verzerrt sein. Die Breite des Datenpools – Grossbank, Kantonalbanken, Versicherungen sowie die ABS – ergibt aber eine sehr breite Abstützung im Markt und auch wenn sich die Kundensegmente der einzelnen Datenquellen bezüglich ihrer Präferenzen deutlich unterscheiden würden, können die Stichproben für den Transaktionsmarkt wohl als repräsentativ eingeschätzt werden.

4.6 Würdigung der Datenqualität

Die Aufbereitung der Rohdaten zeigt, dass die Rohdatenqualität im Allgemeinen sehr gut ist.

Dies dürfte damit zusammenhängen, dass die Rohdaten von den Kundenberatern der Banken und Versicherungen eingegeben werden und diese mit den erfassten Daten auch gleich eine Marktwertschätzung vornehmen. Insofern kontrollieren sich die Anwender selbst, denn bei einem Irrtum bei der Eingabe beispielsweise der NWF um den Faktor 10 würde ein komplett unglaubwürdiger Marktwert für die Liegenschaft resultieren. Die quantitativen Ausgangsgrössen weisen insgesamt eine grosse Glaubwürdigkeit auf und die oftmals vorgenommenen Approximationen dürften vernachlässigbare Effekte haben.

Problematischer kann die Erfassung der qualitativen Informationen zu Zustand, Standard und Mikrolage der Liegenschaften sein, da die Einschätzung nicht objektiv überprüfbar ist und zwei verschiedene Personen – auch mit Expertenwissen – nicht unbedingt die gleiche Einschätzung vornehmen. Zudem weisen die drei Indikatoren den Nachteil auf, dass sie nur in fünf Ausprägungen erfasst werden. Dies stellt zwar für den Erfasser gelegentlich bereits eine grössere Herausforderung dar, führt aber dennoch zu relativ groben Resultaten, da die Veränderung eines Qualitätsindikators um eine Stufe den Schätzwert um rund 10% verändert.

Betreffend Objekteigenschaften sind einige Mankos festzustellen, denn einige wichtige Informationen werden nicht erfasst.

So ist bei den EWG nicht bekannt, in welcher Etage diese liegen; insbesondere bei Garten- und Attikawohnungen dürfte dies von Relevanz sein. Weiter dürften sich auch die Preise von Terrassenwohnungen von üblichen Etagenwohnungen unterscheiden. Des Weiteren sind bei den EWG die Nebennutzflächen nicht erfasst.

Bei den EFH ist nur die Information vorhanden, ob diese freistehend sind oder nicht. Die Information, ob es sich bei zusammengebauten EFH um Eck- oder Mittelhäuser handelt, ist nicht vorhanden. Zudem sind die Normierungen der Gebäudevolumen Approximationen, die zwar im Mittel gute Annäherungen sind, im Einzelfall aber von der Realität abweichen dürften. Bei beiden Nutzungen fehlt zudem die Information, ob bzw. wie viele Aussenparkplätze vorhanden sind.

Die Analysen zeigen weiter, dass die häufigste Fehlerquelle der Transaktionspreis ist. So ist es in einigen Hundert Fällen offensichtlich, dass der Anwender bei der Eingabe eine Null zu viel oder zu wenig eingegeben hat. Über die Ausreisserelimination wird bereits ein gewisser Teil solcher Fehleingaben herausgefiltert, es dürften aber noch weitere Objekte mit Fehleingaben in den Stichproben enthalten sein.

Da bei Altbauten mit Transaktionszeitpunkt vor 1999 der Zustand zum Zeitpunkt der Transaktion nicht bekannt ist, werden diese zur Sicherstellung der Datenqualität für die weiter zurückliegenden Jahre aus der Stichprobe entfernt. Insbesondere bei den EFH ist der Altbauanteil naturgemäss deutlich grösser ist als bei den EWG.[61] Entsprechend ist der Anteil der aus der Gesamtstichprobe ausgeschlossenen Beobachtungen relativ gross.

Insgesamt ist davon auszugehen, dass die bereinigten Stichproben eine gute Qualität aufweisen, dass aber weiterhin mit fehlerhaften Beobachtungen zu rechnen ist.

Die regionalen Verteilungen zeigen für beide Nutzungen eine sehr gute Abdeckung des Transaktionsmarktes. Zudem gewährleistet auch die Verfügbarkeit der Daten von acht unterschiedlichen Datenquellen mit möglicherweise unterschiedlichen Nachfragersegmenten die Repräsentativität der Stichproben.

---

[61] Stockwerkeigentum wurde in der Schweiz im Jahr 1965 eingeführt (vgl. SR 210, Art. 712a-t.).

Da der Altbauanteil in den Stichproben massiv kleiner ist als derjenige im Bestand, wird die Modellierung der Altersentwertung von grosser Bedeutung, falls mit den Modellen Marktwerte von Altbauten vorhergesagt werden sollen (vgl. Kapitel 5 und 6).

5. Modellspezifikation für das Jahr 2004

5.1 Einleitung

In einem ersten Schritt sollen sowohl für EWG als auch für EFH Bewertungsmodelle mit möglichst hohem Erklärungsgehalt spezifiziert werden. Da nicht für jede Ortschaft der Schweiz Beobachtungen verfügbar sind, werden zunächst nur die Beobachtungen aus denjenigen Ortschaften verwendet, für die im Jahr 2004 mindestens 3 Beobachtungen vorliegen. Dies ermöglicht es, die Preisniveaus der Ortschaften (Makrolagen) direkt als fixe Effekte aus den Daten robust zu schätzen um so zunächst eine Vermischung von Modell und Modellierung der Makrolagen zu vermeiden.

	N	∑ Kaufpreise	Medianpreis
Eigentumswohnungen	8'811	4'987'022'552	500'000
Einfamilienhäuser	7'598	6'005'991'276	690'000

Tabelle 5.1: Stichproben 2004 im Modell mit fixen Effekten
Quelle: Eigene Berechnungen; Preise in CHF.

Insbesondere aufgrund der Schätzung von Preisniveaus anhand fixer Effekte basierend auf teilweise sehr wenigen Beobachtungen müssen Ausreisser kontrolliert werden. Dazu eignet sich die robuste Statistik, die den Einfluss einer einzelnen Beobachtung misst und Ausreisser gewichtet (Kapitel 5.2).

Ausgehend von einfachen log-linearen Modellen werden die Modellannahmen überprüft und Verbesserungen sowohl für EWG (Kapitel 5.3) als auch für EFH (Kapitel 5.4) vorgeschlagen.

5.2 Robuste Statistik[62]

5.2.1 Problemstellung

Falls keine krassen Ausreisser vorhanden sind, ist der OLS in der vorliegenden Fragestellung der beste lineare erwartungstreue Schätzer (BLUE). Dies ist aber bei empirischen Arbeiten praktisch nie der Fall

---

[62] Für Einführungen in die robuste Statistik sowie spezielle Methoden vgl. z.B. Hampel et al. (1986), Rousseeuw und Leroy (1987).

und Ausreisser müssen entweder durch eine Identifikationsmethode eliminiert, oder es muss ein robuster Schätzer verwendet werden. Zwar wird versucht, fehlerhafte Daten über das Huber-type skipped mean Verfahren zu identifizieren. Aufgrund des sehr grossen Einflusses der Variablen Standort und Transaktionszeitpunkt, ist dies aber nur für einige Ortschaften und Zeitperioden möglich (vgl. Kapitel 4.3.3). Insgesamt werden nur gerade 578 (4.45‰) von fast 130'000 Beobachtungen eliminiert. Aus diesen Gründen empfiehlt es sich, in den weiteren Analysen weiterhin robuste Methoden zu verwenden um Ausreisser systematisch zu erkennen und zu gewichten.

Zur Illustration der Problematik von Ausreissern und Hebelpunkten in einem Regressionsmodell dient nachstehendes Beispiel (Abb. 5.1):

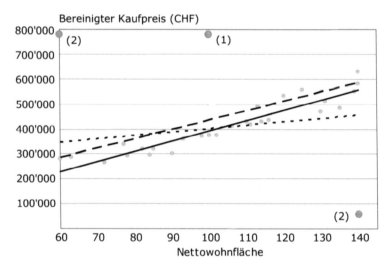

Abbildung 5.1: Illustration von Ausreissern und Hebelpunkten
Quelle: Eigene Darstellung.

Ausgehend von einer Reihe von Beobachtungen (grün eingezeichnet) lässt sich der Kaufpreis als Funktion der Nettowohnfläche durch die ausgezogene Regressionsgerade darstellen.

Durch eine zusätzliche Beobachtung, die zwar eine üblich grosse Nettowohnfläche aufweist, deren Kaufpreis mit fast CHF 800'000 aber deutlich zu hoch ist (1), erfolgt eine Verschiebung der Regressionsgerade nach oben (Regressionsgerade: − − −), d. h. eine Vergrösserung des Achsenabschnitts bei einer unwesentlichen Veränderung der Steigung (Ausreisser).

Noch schlimmer sind die Auswirkungen von zwei so genannten Hebelpunkten (2), die neben einer extremen Ausprägung des Kaufpreises bezüglich der Nettowohnfläche am Rande der Beobachtungen liegen, also auch bezüglich dieser Grösse extrem sind.

Solche Hebelpunkte bewirken eine Drehung des linearen Zusammenhangs (.........), im Beispiel also eine Reduktion der Steigung und zwar derart, dass dieser letztlich für Objekte, die von ihren Eigenschaften her nicht nahe beim Mittelwert liegen, völlig verzerrt und unbrauchbar ist. Für Objekte mit Eigenschaften nahe beim Mittelwert sind die Auswirkungen hingegen gering.

Es ist offensichtlich, dass solche schädlichen Beobachtungen erkannt und eliminiert werden müssen, um sinnvolle Resultate zu erhalten. Im obigen Beispiel können die Ausreisser von Auge erkannt und gegebenenfalls eliminiert werden. Im multivariaten Fall ist die Ausreisseridentifikation aber unter Umständen bedeutend schwieriger und − insbesondere bei der Modellevaluation − sehr aufwendig.

5.2.2 Einführung robuster Methoden anhand des Lagemodells[63]

Reagiert ein Schätzer, wie obige Regressionsgerade, stark auf Ausreisser und Hebelpunkte, wird er als nicht robust bezeichnet. Zur Bestimmung, ob ein Schätzer robust ist oder nicht, werden zwei Masse − die Einflussfunktion sowie der Bruchpunkt − verwendet. Damit wird der Einfluss grober Ausreisser auf den jeweiligen Schätzer untersucht.

Als einfachstes Modell zur Begriffseinführung bietet sich das Lagemodell

$$x = i\theta + \varepsilon \tag{5.1}$$

mit x = Vektor der Zielvariable (z.B. Preis von EWG in einer bestimmten Gemeinde), i = Vektor aus lauter Einsen, θ = Lagemass und ε = Vektor der Schätzfehler.

Zur Illustration werden 50 normalverteilte Daten, die z.B. als Preise von EWG interpretiert werden können, simuliert.[64] Die Daten haben als Lagemasse ein arithmetisches Mittel (MW) von 255'022, ein 10%-

---

[63] Die Einführung basiert auf Ruckstuhl (2004b) mit einem eigenen Beispiel.

[64] Sämtliche ökonometrischen Analysen werden mit dem Programm R durchgeführt (R Development Core Team 2004). Für die Simulation werden folgende Werte gesetzt: Seed = 1, Mittelwert = 250'000, Standardfehler = 50'000.

gestutztes Mittel von 257'774, einen Median (MED) von 256'455 sowie als Streuungsmasse die Standardabweichung (SD) 41'570 sowie einen MAD von 41'215 (vgl. Tab. 5.2). Dabei ist der MAD der Median der absoluten Abweichungen der Beobachtungen vom Median aller Beobachtungen (vgl. Kapitel 4.6 sowie z.B. Stahel 2002, S. 16ff. oder Ruckstuhl 2004).

Wie bei empirischen Daten häufig, können Extremwerte oder Eingabefehler auftreten und es stellt sich die Frage, wie sich eine zusätzliche Beobachtung mit einem Extremwert bzw. einer Fehleingabe auf die Lage- und Streuungsmasse auswirkt. Zu den 50 simulierten Daten wird eine 51. Beobachtung hinzugezogen, die unterschiedliche Werte annehmen kann.

Wie aus Tab. 5.2 ersichtlich ist, hat die zusätzliche 51. Beobachtung auf das arithmetische Mittel sowie den Standardfehler den grössten Einfluss, die anderen Masse ändern kaum. MW und SD sind also nicht robust bezüglich dieser zusätzlichen Beobachtung, die anderen Masse sind robust.

	MW	10%gest.	MED	SD	MAD
Normalverteilte Daten	255'022	257'774	256'455	41'570	41'215
51. Beobachtung:					
0	250'022	256'563	253'728	54'486	40'973
250'000	254'924	257'584	253'728	41'158	40'420
280'000	255'512	258'316	259'182	41'300	41'119
2'800'000	304'924	258'926	259'182	358'736	42'842
28'000'000	799'042	258'926	259'182	3'885'292	42'842

Tabelle 5.2: Auswirkung einer zusätzlichen Beobachtung
Quelle: Eigene Simulation der Auswirkungen auf Lage- und Streuungsmasse.

Wie stark sich die Masse ändern, lässt sich anhand der empirischen Einflussfunktion (SC: sensitivity curve)

$$SC\langle x_1, x_2, ... x_{n-1}, \hat{\theta} \rangle = \frac{\hat{\theta}(x_1, x_2, ... x_{n-1}, x) - \hat{\theta}(x_1, x_2, ... x_{n-1})}{1/n} \qquad (5.2)$$

mit x = n-te Beobachtung, n = Zahl der Beobachtungen und $\hat{\theta}$ = verwendeter Schätzer, bestimmen.

Für sehr grosse n entspricht die empirische Einflussfunktion der Einflussfunktion (IF: influence function). Aus der IF lässt sich die Sensitivität γ^*

$$\gamma^* := \sup_x IF\left(x; \hat{\theta}; F\right),$$ (5.3)

also das supremum des Einflusses einer zusätzlichen Beobachtung x auf das Mass $\hat{\theta}$ bei gegebener Verteilung F berechnen.

MW und SD sind keine robusten Schätzer, da für x $\rightarrow \infty$ die IF und damit auch die Sensitivität gegen ∞ streben. Hingegen ist die Sensitivität der anderen Masse sehr klein. Das arithmetische Mittel sowie der Standardfehler ertragen keinen einzelnen Ausreisser, ihr so genannter Bruchpunkt φ_n^* ist 0. Dieser ist definiert als

$$\varphi_n^*\left(\hat{\theta}; x_1, x_2, ..., x_n\right) = \frac{m}{n},$$ (5.4)

mit m = maximale Anzahl extremer Beobachtungen. Der Bruchpunkt ist somit der Anteil extremer Beobachtungen, bei der ein Schätzer noch eine begrenzte IF hat.

Angenommen, im obigen Beispiel treten gleich mehrere Extremwerte beispielsweise von 28'000'000 am oberen Ende der Verteilung auf. Bis zu welcher Zahl von Extremwerten blieben die Masse bei n = 51 stabil? Das 10%-gestutzte Mittel erträgt bei n = 51 genau 5 Extremwerte am oberen Ende der Verteilung. Beim 6. Extremwert bricht die Schätzung zusammen und verhält sich wie der MW. Der Bruchpunkt φ_n^* liegt also bei ~10%. Beim MED sowie beim MAD beträgt φ_n^* annähernd 50%.

	MW	10%gest.	MED	SD	MAD
Anzahl Extremwerte	0	5	25	0	25
Bruchpunkt φ_n^*	0%	~10%	~50%	0%	~50%

Tabelle 5.3: Bruchpunkt der Lage- und Streuungsmasse
Quelle: Eigene Simulation.

Der MED ist somit der maximal robuste Schätzer für die Lage und der MAD das maximal robuste Mass für die Streuung.[65] Diese robusten Masse können – falls keine Normalverteilung vorliegt – für den univariaten Fall verwendet werden.

---

[65] Entsprechend werden MED und MAD bzw. eine standardisierte Form des MAD zur Identifikation von Fehleingaben bei den Rohdaten verwendet (vgl. Kapitel 4.3.3).

5.2.3 Multivariate Erweiterung robuster Methoden

Für den multivariaten Fall gibt es keine Verallgemeinerung des MED und des MAD. Es sind also andere Methoden notwendig.

Ein weiterer Nachteil des Medians ist, dass er deutlich weniger effizient ist als der MW. Das heisst, dass bei normalverteilten Daten deutlich mehr Beobachtungen notwendig sind, um mit dem Median ein ähnlich gutes Ergebnis zu erhalten wie mit dem arithmetischen Mittel.

Zur Lösung dieses Problems werden so genannte M-Schätzer vorgeschlagen.[66] Bei Abwesenheit von Ausreissern und Hebelpunkten ist nach dem Prinzip der maximalen Likelihood der Durchschnitt $\bar{x}$ aufgrund der für das Lagemodell resultierenden Normalgleichung

$$i'i\hat{\theta} = i'x, \text{ mit } \hat{\theta} = \bar{x} \tag{5.5}$$

der beste Schätzer. In diesem Fall ist die Summe der quadrierten Residuen minimal und die Summe der Residuen ist

$$\sum_{i=1}^{n}(x_i - \hat{\theta}) = 0. \tag{5.6}$$

Unter bestimmten Voraussetzungen kann als Analogie zu obiger Gleichung

$$\sum_{i=1}^{n}\psi\big((x_i - \hat{\theta})/\hat{\sigma}\big) = 0 \tag{5.7}$$

geschrieben werden und das Resultat entspricht immer noch der Maximum-Likelihood-Schätzung. Jede ψ-Funktion, die obige Gleichung erfüllt, wird M-Schätzung genannt. M-Schätzungen beinhalten also eine ganze Klasse von möglichen ψ-Funktion. Abb. 5.2 zeigt neben der ψ-Funktion der Kleinstquadrate-Schätzung (OLS) für normalverteilte Daten drei verbreitete robuste Funktionen.

---

[66] Vgl. Ruckstuhl (2004b, S. 7ff).

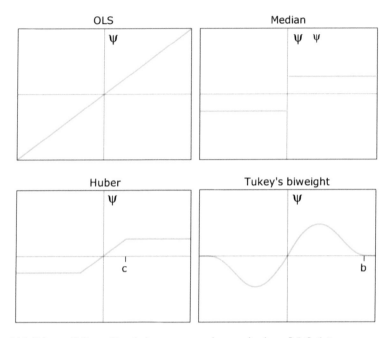

Abbildung 5.2: ψ-**Funktionen von vier typischen M-Schätzungen**
Quelle: Nach Ruckstuhl (2004, S. 9).

Während die ψ-Funktion des OLS sowie des Medians eindeutig definiert sind, können die ψ-Funktionen von Huber und Tukey über so genannte Tuningkonstanten gesteuert werden. Als optimale Tuningkonstanten werden c = 1.345 für die Huber-ψ-Funktion sowie b = 4.685 für Tukey's biweight ψ-Funktion verwendet (Ruckstuhl 2004, S. 9). Die Funktionen von Huber und Tukey sind dabei auf die lineare Regression anwendbar, der Median eignet sich, wie gezeigt, für das Lagemodell. Es kann gezeigt werden, dass die Einflussfunktion proportional zur ψ-Funktion ist. Um einen robusten Schätzer zu erhalten, muss die gewählte ψ-Funktion monoton beschränkt sein um einen Bruchpunkt von ca. 0.5 zu erhalten.

Neben der Wahl der ψ-Funktion spielt die Schätzung des Skalen-parameters $\hat{\sigma}$ eine zentrale Rolle um das Konzept umzusetzen. Als robuste Schätzung des Skalenparameters wird

$$s_{MAD} = median_i\left(\left|x_i - median_k(x_k)\right|\right)/0.6745 \tag{5.8}$$

empfohlen (Hampel 1985 in Ruckstuhl 2004, S. 9). Die Korrektur 0.6745 bewirkt dabei eine konsistente Schätzung des Skalenparameters bei Normalverteilung.

In der Berechnung werden M-Schätzer als gewichtete Mittel mit

$$\hat{\theta} = \frac{\sum_{i=1}^n \omega_i x_i}{\sum_{i=1}^n \omega_i} \text{ mit } \omega_i = \frac{\psi\left((x_i - \hat{\theta})/\hat{\sigma}\right)}{(x_i - \hat{\theta})/\hat{\sigma}} \tag{5.9}$$

aufgefasst. Die Gewichte werden dabei implizit und iterativ aus den Daten bestimmt bis der Algorithmus konvergiert.[67]

Als „Preis" der Verwendung von M-Schätzern können keine exakten Verteilungen der Schätzer berechnet werden, sondern nur Näherungen $\hat{\sigma}^2 = \tau\sigma^2$, mit $\tau > 1$. Diese sind asymptotisch erwartungstreu und entsprechen bis auf den Korrekturfaktor τ der Varianz σ^2. Es gilt also

$$\hat{\theta} \sim N\left(\theta, \frac{1}{n}\tau\sigma^2\right), \tag{5.10}$$

wobei τ vorgegeben wird oder über

$$\hat{\tau} = \frac{1/n \sum_{i=1}^n \psi^2\left((x_i - \hat{\theta})/\hat{\sigma}\right)}{\left(1/n \sum_{i=1}^n \psi'\left((x_i - \hat{\theta})/\hat{\sigma}\right)\right)^2}, \tag{5.11}$$

geschätzt werden kann. In der Praxis wird oft $\hat{\sigma} = s_{MAD}$ empfohlen. Das Konfidenzintervall berechnet sich damit für nicht zu kleine n als

$$\hat{\theta} \pm 1.96(\sqrt{\hat{\tau}} \frac{\hat{\sigma}}{\sqrt{n}}). \tag{5.12}$$

Nachdem gezeigt wurde, wie robuste Schätzungen für das Lagemass konstruiert werden können, sollen diese auch auf die lineare Regression angewendet werden. Das lineare Regressionsmodell wird als Regres-sions-M-Schätzung mit p Normalgleichungen

$$\sum_{i=1}^n \psi\left(\frac{y_i - \sum_{i=1}^n x_{ij}\theta_j}{\sigma}\right) x_{ij} = 0, \text{ mit } j = 1, 2, ..., p \tag{5.13}$$

geschrieben.

---

[67] Oftmals reicht dabei eine Iteration. Die Ausreisseridentifikationen im Kapitel 4.3.3 basieren ebenfalls auf einem Iterationsschritt.

Wie im Lagemodell ist dabei der M-Schätzer asymptotisch normalverteilt mit Kovarianzmatrix $\sigma^2 \tau C$ mit $C = (X'X)^{-1}$, was bis auf den Korrekturfaktor τ der Kovarianzmatrix des Kleinstquadrate-Schätzers entspricht. Die Kovarianzmatrix $\hat{V}$ wird geschätzt mit

$$\hat{V} = (\hat{\sigma}^2/n)\hat{\tau}\hat{C}^{-1}, \tag{5.14}$$

wobei

$$\hat{C} = \frac{1/n \sum_{i=1}^{n} \omega_i \underline{x}_i \underline{x}_i'}{1/n \sum_{i=1}^{n} \omega_i}. \tag{5.15}$$

Neben der Wahl einer geeigneten ψ-Funktion wird ein geeigneter Schätzer für den Skalenparameter σ benötigt. Dieser wird direkt aus den Daten geschätzt und ist der standardisierte MAD der Residuen r_i. Dieser wird als s_{MAV}

$$s_{MAV} = median_i(|\varepsilon_i|)/0.6745 \tag{5.16}$$

ausgewiesen.

Im multivariaten Fall haben monoton steigende M-Schätzer wie Huber einen Bruchpunkt von $1/p$, mit p = Anzahl erklärende Variablen. Bei 7 erklärenden Variablen brechen diese also bei 14% Ausreissern zusammen. Falls eine der 8 (y + 7) erklärende Variablen grob falsch ist, ist bereits der gesamte Datensatz kontaminiert. Von allen eingegebenen Werten müssen also nur gerade rund 2% grob falsch sein um die Schätzung zusammenbrechen zu lassen. Ein weiterer Nachteil ist es, dass M-Schätzer üblicherweise zwar Ausreisser erkennen und herunterge-wichten können, bei so genannten Hebelpunkten aber versagen. Zudem sind die meisten M-Schätzer nicht besonders effizient.

Aus diesem Grund schlagen (Yohai, Stahel und Zamar 1991) modifizierte M-Schätzer – so genannte MM-Schätzer – vor. Diese weisen eine zunächst ansteigende und dann absteigende ψ-Funktion auf, wie beispielsweise Tukey's biweight ψ-Funktion der Form

$$\psi_{b_1}(u) := 1 - (1 - (\frac{u}{b_1})^2)^3, \text{ falls } |u| < b_1, \text{ sonst } 1, \tag{5.17}$$

mit b_1 = 4.685 (vgl. Abb. 5.2). Dieser Schätzer vereinigt die einzelnen Vorteile anderer robuster Schätzer, ohne jedoch deren Nachteile aufzuweisen. Zudem weist der MM-Schätzer einen Bruchpunkt φ_n^* von 50% auf. Der MM-Schätzer weist zudem die gleichen asymptotischen Verteilungen auf wie der M-Schätzer.

Der Nachteil des Schätzers ist, dass er über einen zufälligen Resampling-Algorithmus funktioniert und nicht in jedem Durchgang exakt die gleichen Resultate liefert. Zudem ist die Berechnung von MM-Schätzungen sehr rechenintensiv.

Da die Gefahr von Hebelpunkten durch die vorgängige Elimination von zu extrem spezifizierten Beobachtungen bereits reduziert ist, wird für die Anpassung der Schätzgleichungen der weit weniger rechenintensive Huber-M-Schätzer verwendet und der MM-Schätzer nur zur Kontrolle verwendet.

5.3 Modellbildung EWG für das Jahr 2004

5.3.1 Einleitung

Aufgrund der Theorie sowie der Literatur sind die wichtigsten Werttreiber weitgehend bekannt. Zudem werden die Möglichkeiten durch die verfügbaren Variablen begrenzt. Es geht also darum, die Regressionsmodelle möglichst gut zu spezifizieren.

5.3.2 „Naives" Modell – Modell EWG 0

Als einfachstes Modell zur Schätzung von Immobilienpreisen – als Ausgangspunkt für die Analyse von Regressionsmodellen – könnten die Nettowohnflächen der Liegenschaften mit einem Preis pro m² NWF multipliziert werden.

Dieser m²-Preis dürfte von Ortschaft zu Ortschaft unterschiedlich ausfallen und ist unbekannt, kann aber mittels der Stichprobe geschätzt werden.

Berechnet wird deshalb der Median-m²-Preis pro Ortschaft, mit dem anschliessend die einzelnen NWF multipliziert werden.

Über das gesamte Portefeuille gesehen erlaubt diese einfache Methode bereits recht gute Vorhersagen der Marktwerte, allerdings ist die Streuung der Schätzfehler – auch bei einer robusten Schätzung – mit gut 17.5 % recht hoch.[68] Das asymptotische 95%-Konfidenzintervall beträgt also rund ±35%.

Es stellt sich die Frage, wie weit die Vorhersagen durch die Verwendung von Regressionsmodellen verbessert werden können.

---

[68] Der Standardfehler der Residuen beträgt 23.28%, der robuste s_{MAV} 17.63%.

5.3.3 Vergleich von OLS und robusten Methoden

Zunächst wird ein einfaches Modell – Modell EWG 1 – geschätzt. Dazu wird folgende Modellgleichung angepasst:

$$\ln(KAUFPR) = \alpha_j + \beta_1 \cdot \ln(NWF) + \beta_2 \cdot \ln(BAUJ) + \beta_3 \cdot ZUST + \beta_4 \cdot STAND$$
$$+ \beta_5 \cdot MIKRO + \beta_6 \cdot QUARTAL + \varepsilon \tag{5.18}$$

ohne Achsenabschnitt aber mit fixen Effekten α_j für die j Ortschaften. Die Variablen KAUFPR, NWF und BAUJ werden gemäss „Tukey's first aid transformations" logarithmiert.[69] Durch das Logarithmieren der Zielvariable KAUFPR bleibt das Modell zwar additiv in den Koeffizienten, in der Wirkungsweise wird es aber eher multiplikativ. Auch die resultierenden Residuen werden multiplikativ und können als approximative Prozentzahlen interpretiert werden. Die Qualitätsindikatoren ZUST, STAND und MIKRO werden als stetige Variable behandelt. Entsprechend werden Steigungen geschätzt. Die Variable zur Messung der Attraktivität der Gemeinden wird zunächst als Faktor – also aus den Daten – geschätzt und anschliessend den Beobachtungen als Variable MAKRO zugewiesen. Entsprechend ist der Koeffizient in der erneuten Schätzung des Modells gleich 1.

	EWG 1 (OLS)			EWG 11 (robuste Schätzung)		
	Koeff.	SE	Signif.	Koeff.	SE	Signif.
Achsen-abschnitt	0.000	2.285	n.s.	0.000	1.849	n.s.
Makrolage	1.000	0.008	***	1.000	0.006	***
ln(NWF)	0.929	0.005	***	0.917	0.004	***
ln(BAUJ)	6.123	0.304	***	5.837	0.246	***
ZUST	0.090	0.004	***	0.091	0.003	***
STAND	0.131	0.003	***	0.131	0.003	***
MIKRO	0.120	0.003	***	0.119	0.003	***
2. Q. 2004	0.020	0.006	***	0.019	0.005	***
3. Q. 2004	0.029	0.005	***	0.026	0.004	***
4. Q. 2004	0.031	0.004	***	0.027	0.004	***
SE Residuen	0.166			0.123		
FG Residuen	8'802			8'802		
R^2_{korr}	0.918			0.972		
F-Statistik	10'960			-		

Tabelle 5.4: Resultate der Modelle EWG 1 und EWG 11
Quelle: Eigene Berechnungen; „***" bezeichnet ein Signifikanzniveau von 1‰.

---

[69] Vgl. z.B. Stahel 2002, S. 278.

In der OLS-Schätzung EWG 1 sind alle geschätzten Koeffizienten hoch signifikant verschieden von Null und bezüglich der Vorzeichen ökonomisch plausibel.

Der Schätzer für ln(NWF) von 0.929 kann als Elastizität interpretiert werden.[70] Das heisst, eine Vergrösserung der NWF um 10% erhöht den Schätzwert um rund 9.3 Prozent. Die Koeffizienten für die Variablen ZUST, STAND und MIKRO sind als, mit der Ausprägung multiplizierter, Prozentzuschlag zu interpretieren. Ein Zustand 5 ergibt gegenüber einem Zustand 4 also einen rund 9 Prozent höheren Schätzwert.

Die Standardabweichung der Fehler ist mit 16.6 Prozent und 8'802 Freiheitsgraden bereits deutlich kleiner als im Modell EWG 0, der Anteil erklärter Varianz (R²) mit 0.918 sehr hoch.

Erwartungsgemäss bringt die Regression mit dem OLS eine Modellverbesserung gegenüber dem „naiven" Modell. Dies insbesondere auch, weil mehr Informationen als nur gerade Kaufpreis, Ortschaft und NWF in die Schätzung einfliessen.

Zur Analyse der Residuen eignen sich primär der Tukey-Anscombe-Plot, zur Beurteilung, ob die Varianz konstant ist, der Q-Q-Plot sowie ein Histogramm der Residuen zur Beurteilung der Annahme der Normalverteilung der Residuen, sowie – eher illustrativ – ein Plot der angepassten Werte auf die Kaufpreise (vgl. Abb. 5.3).

---

[70] Diese Interpretation stimmt für nicht allzu grosse Werte näherungsweise. Die Elastizität bzw. der prozentuale Zuschlag bei Faktoren und Indikatorvariablen ist e^β-1.

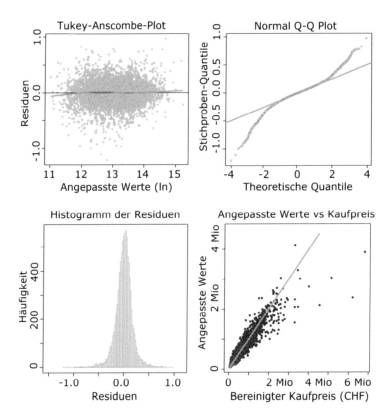

Abbildung 5.3: Residuenanalyse des Modells EWG 1
Quelle: Eigene Berechnungen.

Im Tukey-Anscombe-Plot werden die Residuen gegen die angepassten Werte aufgetragen. Die Residuen sollten keine Struktur aufweisen, das heisst, in allen Bereichen etwa gleich streuen und um die Nulllinie schwanken. Da diese Interpretation schwierig ist, wird oftmals ein – robuster – Glätter über die Residuen gelegt.[71] Liegt dieser Glätter um die Nulllinie, kann davon ausgegangen werden, dass die Varianz konstant – homoskedastisch – ist. Im Modell EWG 1 ist dies recht gut der Fall.

---

[71] Verwendet wird ein LOWESS-Glätter (vgl. Cleveland 1979 und 1981).

Im Q-Q-Plot werden die empirischen Quantile der Verteilung der Residuen gegen die theoretischen Quantile einer Normalverteilung aufgetragen. Liegen die Residuen auf der ausgezogenen Linie, so sind diese normalverteilt. Dies ist hier nicht der Fall, die Residuen sind so genannt langschwänzig verteilt. Dasselbe Bild zeigt das Histogramm der Residuen.[72] Die drei Objekte mit den stärksten negativen Residuen (Überschätzung durch das Modell) weisen bei NWF von etwa 150 m² Kaufpreise von rund 200'000 CHF auf. Bei diesen drei Fällen handelt es sich offensichtlich um Fehleingaben der Kaufpreise.

Im Plot der angepassten Werte gegen die Kaufpreise fallen fünf Extremwerte oben rechts im Diagramm auf. Diese werden um rund 50 Prozent unterschätzt, sind also zwar gemessen in CHF die extremsten Werte, prozentual aber nicht. Diese fünf EWG liegen in zwei Top-Tourismusdestinationen. Betreffend Objekteigenschaften sind diese Wohnungen allerdings nicht extrem, so dass es sich um effektive Ausreisser handeln dürfte.

Abb. 5.4 der Distanzen von Cook zeigt teilweise die gleichen Ausreisser, teilweise aber auch neue.

Insgesamt lassen die Auswertungen darauf schliessen, dass die Residuen langschwänzig verteilt sind, dass also einige grosse positive und negative Residuen bestehen. Die Gründe dafür können einerseits in einer verbesserungswürdigen Modellspezifikation liegen, andererseits kann gezeigt werden, dass auch effektive Ausreisser aufgrund von Fehleingaben oder anderen besonderen Umständen vorhanden sind.

---

[72] Im Histogramm werden nicht alle Ausreisser dargestellt, sondern die X-Achsen sind begrenzt.

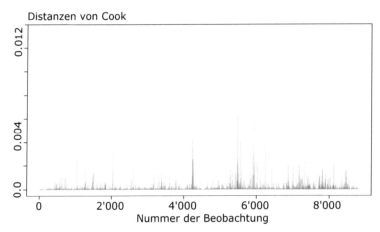

Abbildung 5.4: Distanzen von Cook im Modell EWG 1
Quelle: Eigene Berechnungen.

Solche Ausreisser und Hebelpunkte können zu Verzerrungen führen. Aus diesem Grund wird dasselbe Modell mit einem robusten M-Schätzer mit Hubers ψ-Funktion als Modell EWG 11 neu geschätzt.

Mit derselben Modellspezifikation wie in Modell EWG 1 kann durch die Verwendung eines M-Schätzers ein deutlich besseres Resultat erzielt werden (Modell EWG 11, vgl. Tabelle 5.4). Dies obwohl bei der Berechnung des Standardfehlers der Residuen – es wird in der robusten Statistik der s_{MAV} verwendet – exakt die gleichen Objekte in der Stichprobe enthalten sind, wie im Modell EWG 1.

In der robusten Statistik kann das R^2 nicht mehr wie bis anhin berechnet werden, sondern es müssen robuste Masse für die Fehlerquadratsumme und der Quadratsumme der y_i verwendet werden. Rousseeuw und Leroy (2003, S. 44ff.) schlagen als Mass für den Anteil erklärter Varianz ein R^2 der Form

$$R^2 = 1 - \left(\frac{median|\varepsilon_i|}{median\left(\left|y_i - \underset{j}{med\,ian}(y_j)\right|\right)} \right)^2 \qquad (5.19)$$

vor. Für das Modell EWG 11 beträgt dieses robuste R^2 0.972.

Die Verbesserung im Modell EWG 11 rührt einzig daher, dass das Modell durch den Huber-M-Schätzer besser angepasst werden kann als durch den OLS.[73] Die Koeffizienten der einzelnen Variablen ändern dabei insgesamt nur unwesentlich. Insbesondere bei der Schätzung der fixen Effekte für die Makrolagen dürfte die robuste Schätzung aber massive Vorteile bringen, da in vielen Ortschaften nur wenige Beobachtungen vorliegen und ein Ausreisser ein sehr grosses Gewicht hätte.

5.3.4 Modellerweiterungen

Das vorgestellte Modell EWG 11 ist das wohl einfachste und intuitiv nahe liegendste Modell zur Erklärung der Preise. Es muss also nun darum gehen, aufgrund von theoretischen Überlegungen über die Preisbildung mögliche Verbesserungen bei der Modellspezifikation zu finden, um den Erklärungsgehalt des Modells nach Möglichkeit zu verbessern. Es gilt, die Funktion EWG 11 kritisch zu hinterfragen und die Annahmen zu überprüfen.

Berücksichtigung der Zahl der Garagenplätze
Bisher wurde die Zahl der Garagenplätze im Modell nicht berücksichtigt. Deshalb wird das Modell unter Berücksichtigung der bereinigten Transaktionspreise neu geschätzt und untersucht, ob die Residuen bezüglich der Zahl der Garagenplätze noch eine Struktur aufweisen (vgl. Abb. 5.5). Die Regression der bereinigten Preise in einem Setup mit Indikatorvariablen für die Zahl der Garagenplätze zeigt keine signifikanten Koeffizienten an und auch die Darstellung der Residuen gegen die Anzahl Garagenplätze weist keine Anzeichen für einen systematischen Fehler auf.

---

[73] Ob der M-Schätzer stabil ist, oder ob er aufgrund von Hebelpunkten zusammenbricht, wird mit einer Vergleichsschätzung mit einem MM-Schätzer mit Tukey's biweight Funktion untersucht. Die Resultate der beiden Schätzungen sind praktisch identisch, so dass davon ausgegangen werden kann, dass der M-Schätzer nicht zusammengebrochen ist.

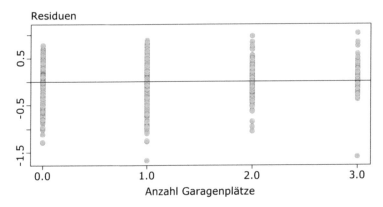

Abbildung 5.5: Residuen gegen die Zahl der Garagenplätze
Quelle: Eigene Berechnungen.

Standard und Mikrolage als Faktoren sowie Interaktionsparameter
Bisher wurden die Indikatoren zur Berücksichtigung des Zustandes, des Standards sowie der Mikrolage quasi als stetig angenommen und für jede Stufe der gleiche Zuschlag geschätzt. Im erweiterten Modell werden diese drei Variablen als Faktoren verwendet, das heisst, für jede Stufe wird ein eigener Zuschlag geschätzt, wobei die erste Stufe jeweils gleich Null gesetzt wird.

Weiter besteht die Vermutung, dass Interaktionen bezüglich der Qualitätsindikatoren bestehen können, dass diese sich also gegenseitig verstärken.

Die Schätzung von Faktoren anstelle eines quasi stetigen Zusammenhangs bringt eine geringe Verbesserung des Modells. Die Interaktionsparameter sind üblicherweise nicht signifikant verschieden von Null. Einzig die Interaktion von gehobenem bis luxuriösem Standard bei einer guten bis hervorragenden Mikrolage ergibt einen signifikanten Zuschlag.

Berücksichtigung des Zustandes mittels Renovationsstufen
Durch die Verwendung des Baujahrs kann für neuere Objekte bereits eine gute und differenzierte Approximation der Altersentwertung geschätzt werden. Aus diesem Grund erscheint die Verwendung der Variable Zustand für diese Objekte nicht notwendig zu sein. Für ältere Objekte ist es hingegen relevant zu wissen, ob diese bereits renoviert

worden sind oder nicht. Aufgrund der Erhebungsvorschriften kann für jedes Baujahr ein theoretischer Zustand ohne Renovation geschätzt und mit dem eingegebenen Zustand verglichen werden. Ist der eingegebene Zustand grösser als der theoretische, müssen bereits Renovationen stattgefunden haben. Insgesamt lassen sich fünf Renovationsstufen bilden, die anstelle des Zustands als Faktor geschätzt werden. Insbesondere aufgrund der grossen Neubauanteile, aber auch aufgrund des Umstandes, dass Objekte im Zweitmarkt überwiegend unrenoviert verkauft werden, ist der Anteil der Objekte ohne Renovation sehr gross und nur für rund 20 Prozent der EWG bzw. 35 Prozent der EFH kommt diese Variable effektiv zum tragen.

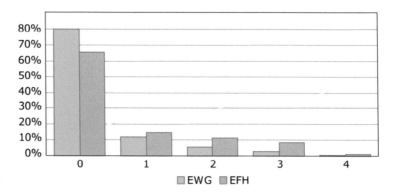

Abbildung 5.6: Gesamtstichproben nach Renovationsstufen
Quelle: Eigene Berechnungen.

Nichtparametrische Schätzungen
Bezüglich des Baujahrs stellt sich die Frage, ob ein linearer Abschlag – insbesondere für frühe Baujahre – vertretbar ist.
Das Baujahr könnte als Faktor in der Schätzgleichung verwendet werden, d.h. für jedes Baujahr ergäbe sich ein anderer Zu- bzw. Abschlag. Dies erscheint allerdings nicht besonders sinnvoll zu sein, da aufgrund der teilweise geringen Fallzahlen in den früheren Jahren eine Überanpassung resultierte.
Aus diesem Grund sollte der Koeffizient für das Baujahr eher nichtparametrisch geschätzt werden, das heisst, der Koeffizient wird über einen Glätter in Abhängigkeit vom Baujahr bestimmt. Verwendet wird dazu

ein kubischer Regressionsspline mit 10 Knoten (vgl. z.B. Greene 1997, S. 388ff. oder Hastie, Tibshirani und Friedman 2001, S. 127ff. sowie Abb. 5.7).

Die Analyse der Residuen sowie der Standardfehler der Gleichungen zeigt, dass ein linearer Zusammenhang zwischen Baujahr und Wert schlechtere Ergebnisse zeitigt als die komplexeren Modelle, es kann hier also eine Modellverbesserung erzielt werden. Der nichtparametrische Schätzer für das Baujahr könnte entweder durch einen stückweise linearen Term oder über einen quadratischen Term für das Baujahr gut approximiert werden. In der Tat bringen die stückweise lineare Anpassung sowie die Schätzung eines quadratischen Terms ein ähnliches Ergebnis, so dass die Verwendung eines quadratischen Terms eine einfache und gute Lösung darstellt.

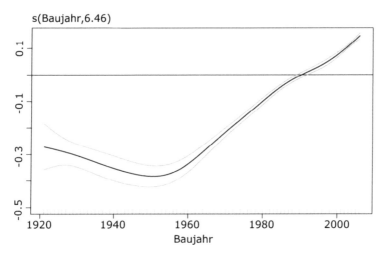

Abbildung 5.7: Nichtparametrische Schätzung Baujahr
Quelle: Eigene Berechnungen.

Die gleichen Fragen wie für das Baujahr stellen sich auch für die Nettowohnfläche. Gemäss ökonomischer Theorie kann von einem abnehmenden Grenznutzen der Wohnfläche ausgegangen werden. Dies ist zwar durch das beidseitige Logarithmieren bereits gegeben, doch muss getestet werden, ob diese Annahme hinreichend ist. Weiter ist unklar, ob die Elastizitäten für die Fläche in allen Regionen der Schweiz gleich sind oder nicht.

Die nichtparametrische Schätzung des Koeffizienten für die NWF zeigt, dass die Transformation mit dem natürlichen Logarithmus bereits sehr gute Ergebnisse zeitigt (Abb. 5.9).[74]

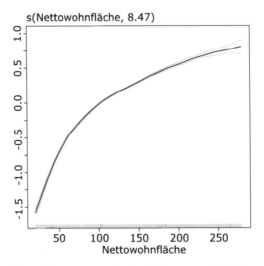

Abbildung 5.8: Nichtparametrische Schätzung NWF
Quelle: Eigene Berechnungen.

---

[74] Verwendet wird ein kubischer Regressionsspline mit 25 Knoten.

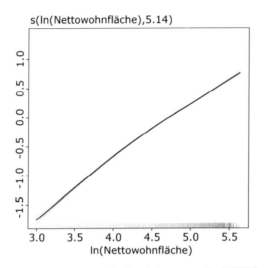

Abbildung 5.9: Nichtparametrische Schätzung ln(NWF)
Quelle: Eigene Berechnungen.

Durch nichtparametrische Anpassung an die logarithmierten NWF kann gezeigt werden, dass Log-Linearität zwar fast zutrifft, allerdings besteht zumindest bei rund 100 m² NWF ein Knick.[75]
Verschiedene Tests zeigen, dass die nichtparametrische Schätzung von ln(NWF) durch fünf lineare Teile sehr gut approximiert werden kann:[76]

	Untergrenze	Obergrenze
1. Segment	20 m²	49 m²
2. Segment	50 m²	74 m²
3. Segment	75 m²	99 m²
4. Segment	100 m²	149 m²
5. Segment	150 m²	280 m²

Tabelle 5.5: Stückweise linearer Zusammenhang von ln(NWF)
Quelle: Eigene Berechnungen.

---

[75] Der natürliche Logarithmus von 100 beträgt rund 4.6.
[76] Aufgrund einer sehr dünnen Datenlage werden EWG mit NWF < 20 m² sowie solche mit NWF > 280 m² aus der Stichprobe ausgeschlossen.

In der Rücktransformation in CHF ergibt sich der empirische Zusammenhang zwischen NWF und Marktwert (Abb. 5.10). Der Grenznutzen für NWF bis ca. 100 m² NWF ist in der Tat leicht abnehmend, für grössere Wohnungen ergibt sich allerdings ein fast linearer Zusammenhang.

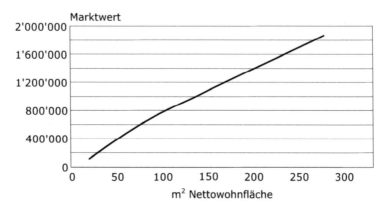

Abbildung 5.10: Rücktransformierter Effekt
Quelle: Eigene Berechnungen; typische EWG in Zumikon, Baujahr 2005, Standard 3, Mikrolage 4.

Neben der Frage nach dem generellen Zusammenhang zwischen Grösse und Wert besteht die Vermutung, dass die Elastizitäten von Region zu Region unterschiedlich sein könnten. Einerseits könnte es Stadt-Land-Unterschiede geben, anderseits könnten in der Romandie oder im Tessin auch andere Präferenzen bestehen als in der deutschsprachigen Schweiz. Diverse Tests zeigen, dass die Zusammenhänge landesweit im Wesentlichen gleich sind. Sowohl das Tessin als auch das Genferseebecken weisen gemäss diesen Untersuchungen keine wesentlich anderen hedonischen Preise auf. Einzig in den Tourismusregionen weisen grosse Wohnungen ab ca. 150 m² NWF eine grössere Elastizität auf als die anderen Gebiete der Schweiz. Diesem Umstand wird in einem verbesserten Modell Rechnung getragen.[77]

---

[77] In ihrer Metaanalyse finden Sirmans, Macpherson und Zietz (2000, S. 35) ebenfalls, dass die hedonischen Preise in den USA sich in regionaler Hinsicht oftmals nicht wesentlich unterscheiden.

5.3.5 Schätzung des verbesserten Modells EWG 29

Aufgrund der obigen Erkenntnisse wird ein verbessertes Modell – EWG 29 – geschätzt (vgl. Tab. 5.6).

Dazu werden die Transaktionspreise um die Garagenpreise bereinigt (Zielvariable). Auf der erklärenden Seite wird ein stückweise linearer Term für die logarithmierten NWF, mit einer zusätzlichen Komponente für grosse Wohnungen in Tourismusgebieten, eingeführt. Der stückweise lineare Term für die NWF setzt sich für jedes Segment aus einem Achsenabschnitt (z.b. DNWF50 für EWG mit einer NWF von < 50 m²) und einer Steigung (z.b. LNWF50) für die logarithmierte NWF zusammen, wobei der Achsenabschnitt für Wohnungen mit 100 bis 150 m² NWF auf Null gesetzt wird.

Anstelle des Zustands werden Renovationsstufen verwendet, der Standard und die Mikrolage werden als Faktoren geschätzt, wobei jeweils die erste Faktorstufe gleich Null gesetzt wird. Zudem werden Interaktionsterme im gehobenen Marktsegment eingeführt.[78] Zur Berücksichtigung der Zeit werden regional differenzierte Faktoren verwendet, wobei jeweils ebenfalls die erste Faktorstufe – das 1. Quartal 2004 – gleich Null gesetzt wird. Neben einem generellen Faktor zur Berücksichtigung der Quartale werden zwei zusätzliche Faktoren für die Genferseeregion sowie für die Tourismusregionen eingeführt. Das Baujahr wird nun über einen quadratischen Term berücksichtigt und als letztes wird ein Zuschlag für Ferienwohnungen geschätzt.[79]

---

[78] S4 / M5 ist ein Zuschlag für Objekte mit gehobenem Ausbaustandard an einer Top-Mikrolage.

[79] Diese Variable ergibt einen Zuschlag von rund 8 Prozent und ist aufgrund des geringen Standardfehlers hoch signifikant verschieden von Null und wird in der Schätzgleichung für EFH bestätigt (vgl. Tab. 5.7). Die Interpretation dieser Variable ist insofern schwierig, als nicht bekannt ist, ob dieser Zuschlag aufgrund anderer Objektqualitäten zustande kommt oder ob der Zuschlag auf mangelnde Marktkenntnis der Ferienwohnungskäufer zurückzuführen ist.

	EWG 29 (robuste Schätzung)		
	Koeff.	SE	Signif.
Achsenabschnitt	0.006	18.513	n.s.
Makrolage	1.000	0.006	***
DNWF50	-1.657	0.152	***
LNWF50	1.170	0.033	***
DNWF5075	-0.855	0.161	***
LNWF5075	0.961	0.032	***
DNWF7500	-0.463	0.188	**
LNWF7500	0.874	0.037	***
LNWF0150	0.775	0.019	***
DNWF150P	-0.511	0.168	**
LNWF150P	0.879	0.027	***
DNWFTOU3	-1.415	0.302	***
LNWFTOU3	0.296	0.061	***
BAUJ	-0.295	0.019	***
BAUJ^2	0.000	0.000	***
RENOV 1	0.052	0.006	***
RENOV 2	0.077	0.008	***
RENOV 3	0.146	0.011	***
RENOV 4	0.249	0.019	***
STAND 3	0.043	0.012	***
STAND 4	0.176	0.012	***
STAND 5	0.255	0.018	***
MIKRO 3	0.037	0.010	***
MIKRO 4	0.149	0.010	***
MIKRO 5	0.248	0.015	***
S 5 / M 4	0.040	0.016	**
S 4 / M 5	0.050	0.013	***
S 5 / M 5	0.148	0.020	***

Tabelle 5.6: Zusammenfassung des Modells EWG 29

	EWG 29 (robuste Schätzung)		
	Koeff.	SE	Signif.
2. Q. 2004	0.022	0.006	***
3. Q. 2004	0.001	0.005	.
4. Q. 2004	0.019	0.004	***
2. Q. LEM	-0.011	0.001	n.s.
3. Q. LEM	0.030	0.008	***
4. Q. LEM	0.021	0.007	***
2. Q. TOU	-0.003	0.017	n.s.
3. Q. TOU	0.075	0.012	***
4. Q. TOU	0.020	0.001	*
FERIEN	0.085	0.007	***
SE Residuen	0.120		
FG Residuen	8'774		
R^2_{korr}	0.973		

Tabelle 5.6: Zusammenfassung des Modells EWG 29 (Forts.)
Quelle: Eigene Berechnungen; „." bezeichnet ein Signifikanzniveau von 10%, „*"
ein 5% Signifikanzniveau, „**" ein 1% Signifikanzniveau und „***" ein 1‰
Signifikanzniveau.

Sämtliche Koeffizienten, mit Ausnahme einiger Achsenabschnitte für die
regionale Berücksichtigung der Zeit, sind ökonomisch sinnvoll und hoch
signifikant verschieden von Null. Bei über 8'000 Freiheitsgraden liegt der
Standardfehler der Residuen bei 12 Prozent, das robust berechnete R^2
nach Rousseeuw und Leroy beträgt 0.973, das korrigierte R^2 ist nur
unwesentlich kleiner. Der Tukey-Anscombe-Plot zeigt, dass die Varianz
der Residuen konstant ist. Allenfalls bei den teuersten Objekten ergeben
sich Anzeichen für eine systematische Unterschätzung, wobei dies nur
sehr wenige Objekte betrifft, die zudem, wie beschrieben, als echte Ausreisser zu betrachten sind. Die Residuen der vorgeschlagenen Modellierung zeigen bei der Regression auf die erklärenden Variablen keine
Strukturen.

Bezüglich des einfachen robusten Modells – EWG 11 – resultiert zwar
eine gewisse Abnahme des Standardfehlers der Residuen, doch ist diese
nicht bedeutend. Aufgrund der Verteilungen der Variablen – der Neubauanteil beträgt rund 50%, die NWF sind annähernd normalverteilt mit
einem Mittelwert von rund 110 m² usw. – ist dies nicht weiter erstaunlich, da die vorgeschlagenen Verbesserungen jeweils nur einen gewissen
Teil der Stichprobe betreffen. Dass das Modell aber effektive Verbesserungen für weiter vom Mittelwert entfernt liegende Ausprägungen der

Variablen gebracht hat, zeigen neben den statistischen Resultaten auch diverse Tests mit dem Modell.

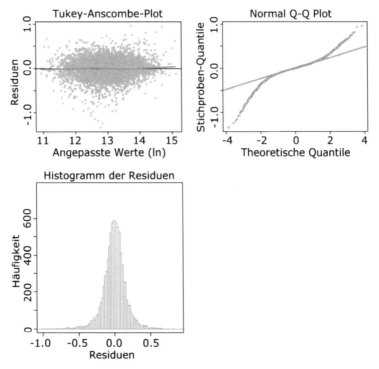

Abbildung 5.11: Residuenanalyse des Modells EWG 29
Quelle: Eigene Berechnungen.

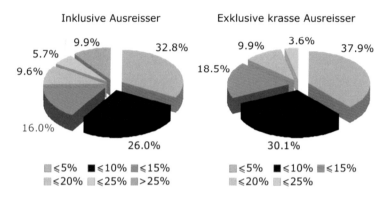

Abbildung 5.12: Verteilung der Residuen im Modell EWG 29
Quelle: Eigene Berechnungen; Verteilung der Absolutwerte der Residuen.

Die Residuen zeigen, dass rund ein Drittel der Beobachtungen mit einer Abweichung von höchstens ±5% durch das Modell erklärt werden. Der Anteil von Beobachtungen mit einer Differenz von mehr als ±25% liegt bei 10% der Beobachtungen, wobei neben echten Ausreissern immer noch viele Beobachtungen mit Fehleingaben enthalten sind. Entfernt man diese offensichtlichen Fehler, zeigt sich, dass fast 70 Prozent der Beobachtungen mit einer Differenz von höchstens ±10% zum effektiv beobachteten Preis erklärt werden und 96% der Beobachtungen mit einer absoluten Differenz von höchstens ±20%.

Da nur Ortschaften mit mindestens 3 Beobachtungen in der Stichprobe enthalten sind, dürften die Schätzungen für die Koeffizienten der Ortschaften (Makrolagen) teilweise überangepasst sein, was mit ein Grund für das sehr grosse R^2 und den entsprechend geringen Standardfehler der Residuen ist (zur Überprüfung und Generalisierung der Makrolagen vgl. Kapitel 6). Bei jeweils analoger Schätzung der Makrolageparameter kann dennoch gezeigt werden, dass erstens durch die robuste Schätzung eine Verbesserung des Modells erzielt werden kann und zweitens, dass der Erklärungsgehalt durch die Einführung stückweise linearer Terme sowie anderer Modellerweiterungen für nicht durchschnittliche Objekte erhöht wird.

5.4 EFH-Modelle

Nach der Diskussion eines Modells für EWG geht es nun darum, die Erkenntnisse auch auf EFH anzuwenden und ein gut spezifiziertes Modell für EFH zu schätzen.

5.4.1 „Naives" Modell für EFH – EFH 0

In Analogie zu den EWG kann auch bei den EFH zunächst ein einfaches Modell geschätzt werden, beispielsweise basierend auf m^3-Preisen. Es resultiert eine Standardabweichung der Schätzfehler von 27.85%, das robuste Mass für die Standardabweichung beträgt 16.90%. Es ist offensichtlich, dass dieses einfache Modell keine brauchbaren Ergebnisse liefert, da hier neben dem Gebäudevolumen auch die Grundstücksfläche bzw. die Grösse des Gartens von grosser Relevanz für die Marktwertberechnung ist. Ein Regressionsmodell dürfte demzufolge – noch ausgeprägter als bei den EWG – massive Verbesserungen der Schätzgenauigkeit bringen.

5.4.2 Modellanalysen EFH

Ausgehend von einem einfachen Regressionsmodell für die EFH, das analog zur Gleichung EWG1 konstruiert wird, werden erkannte Verbesserungen des EWG-Modells nach Möglichkeit auf die EFH angewendet.[80] Zunächst wird der Transaktionspreis aufgrund der Annahmen über die Garagenpreise bereinigt und überprüft. Weiter werden die Variablen Standard und Mikrolage als Faktoren geschätzt sowie Interaktionen der beiden Variablen getestet. Anstelle des Zustands wird die konstruierte Variable „RENOV" verwendet. Eine nichtparametrische Schätzung des Parameters für den Einfluss des Baujahres zeigt einen sehr ähnlichen Verlauf wie derjenige bei den EWG. Auch bei den EFH ergibt die Verwendung eines quadratischen Terms eine gute Approximation an den nichtparametrischen Verlauf. Die Herausforderung stellt wiederum die funktionale Berücksichtigung der Objektgrösse dar, wofür bei den EFH das Gebäudevolumen sowie die Grundstücksfläche verwendet werden.[81]

---

[80] Der Unterschied besteht beim Modell EFH1 darin, dass anstelle von ln(NWF) die Variable ln(VOLSIA03) sowie ln(LAND) als erklärende Variablen verwendet werden.

[81] Im Lichte der Diskussion der Umstellung der relevanten Benchmarks auf NWF anstelle von Gebäudevolumen wird auch eine Regression über approximierte

Die nichtparametrische Schätzung des Gebäudevolumens zeigt einen beschleunigten Anstieg für kleine Gebäude bis rund 600 m³. Im Bereich von rund 600 m³ bis ca. 2'300 m³ sind die hedonischen Preise geringer und für sehr grosse Liegenschaften sogar negativ. Letztere ist allerdings aufgrund der geringen Fallzahlen nur schwach abgestützt und entsprechend vorsichtig zu interpretieren.[82] Die Anpassung des Glätters an die normalen Gebäudevolumen zeigt bereits gute stückweise lineare Zusammenhänge. Durch die Anpassung an die logarithmierten Gebäudevolumen können diese quasi linearen Teile noch deutlich verlängert werden, so dass für das Modell eine Anpassung an einen vierteiligen stückweise linearen Term gute Ergebnisse zeitigen dürfte.

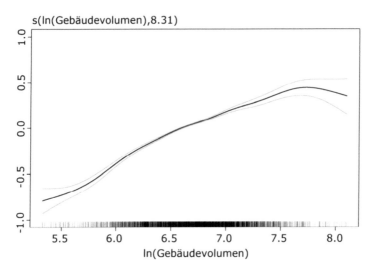

Abbildung 5.13: Nichtparametrische Schätzung ln(VOLSIA03)
Quelle: Eigene Berechnungen.

NWF durchgeführt. Obwohl aufgrund der approximativen Umrechnung wohl mit einem gewissen Informationsverlust zu rechnen ist, zeigt die Anpassung der Transaktionspreise an die NWF fast ähnlich gute Ergebnisse wie die Anpassung an die Gebäudevolumen.

[82] Die eingezeichneten Bandbreiten lassen darauf schliessen, dass die Steigung in diesem Teil des Glätters nicht signifikant verschieden von Null ist. Aus diesem Grund könnte es für Vorhersagen sinnvoll sein, die entsprechende Steigung gleich Null zu setzen.

Die Schätzung für die Grundstücksfläche zeigt erwartungsgemäss einen positiven Zusammenhang, der durch die logarithmierte Grundstücksfläche bereits gut abgebildet werden kann. Eine Verbesserung kann aber erzielt werden, wenn zwei stückweise lineare Zusammenhänge angepasst werden, da die Steigung bei rund 2'000 m² Grundstücksfläche einen Knick aufweist.

Davon ausgehend, dass für das, zur Erstellung eines bestimmten Gebäudevolumens notwendige Bauland ein konstanter Preis bezahlt wird, exzessives Bauland aber einen negativen Grenznutzen aufweist, sollte hier eine Bereinigung vorgenommen werden (vgl. Kapitel 4.3). Anhand der Gebäudevolumen sowie Annahmen über die erlaubte AZ kann eine Schätzung für die „Übergrösse" der Parzelle gemacht werden. Diese exzessive Grundstücksfläche wird als Variable LANDEXC in die Gleichung aufgenommen und zeigt einen abnehmenden Grenznutzen bzw. abnehmende hedonische Preise für die Übergrösse der Parzelle. Die nichtparametrische Schätzung dieser Variable zeigt, dass für ln(LAND) ein stückweise linearer Zusammenhang verwendet werden kann, beim zusätzlichen Land ebenfalls, wobei diese Flächen ebenfalls logarithmiert in das Modell einfliessen sollten. In der logarithmierten Form zeigt sich zunächst ein fast linearer Zusammenhang, der erst ab einer bestimmten zusätzlichen Parzellengrösse stark negativ wird.

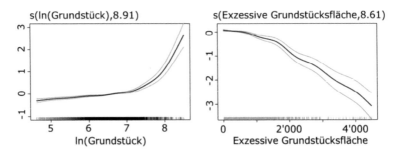

Abbildung 5.14: Nichtparametrische Schätzungen Bauland
Quelle: Eigene Berechnungen.

5.4.3 Schätzung des verbesserten Modells EFH 15

Die Erkenntnisse werden im Modell EFH 15 zusammengefasst; dieses wird neu geschätzt. Die Standardabweichung der Residuen dieses neuen Modells ist mit 0.1245 deutlich geringer als im Modell EFH 11, entsprechend ist das robuste R^2 mit 0.954 sehr hoch. Die geschätzten Koeffizienten sind mehrheitlich hoch signifikant verschieden von Null und weisen das erwartete Vorzeichen auf. Auch intuitiv vermögen die Koeffizienten mehrheitlich zu überzeugen.

Die Ausnahme bildet die Renovationsstufe 4 (RENOV4 in Tab. 5.7). Gemäss Schätzung ist der Wertzuschlag für ein stark saniertes Haus geringer als für ein solches, welches „nur" Renovationen im Bereich von drei Zustandsstufen aufweist. Allerdings ist zu beachten, dass Objekte im Wohneigentum üblicherweise nicht saniert verkauft werden, sondern erst von den Käufern nach ihrem eigenen Geschmack renoviert werden. So ist es durchaus möglich, dass solche Renovationen vom Markt nicht „honoriert" werden. Allerdings wird dieses Argument dadurch etwas entkräftet, als dieser Effekt bei den EWG nicht auftritt. Ein weiterer Punkt ist, dass es sich bei den totalsanierten Liegenschaften um sehr alte Liegenschaften – teilweise Bauernhäuser – handelt, bei den EWG allerdings eher um Jugendstilwohnungen in der Stadt. Dies könnte eine Begründung für die unterschiedliche Wirkungsweise der Renovationen darstellen, eine Schwäche des Modells stellt dieser Effekt aber weiterhin dar, da er nicht wirklich schlüssig erklärt werden kann.

Ebenfalls nicht signifikant verschieden von Null sind teilweise die Achsenabschnitte bei der Berücksichtigung der stückweise linearen Zusammenhänge der Volumen und Grundstücksflächen. Diese sollten aber dennoch im Modell belassen werden, da der stückweise lineare Term als Ganzes zu betrachten ist und deshalb nicht einzelne Komponenten ausgelassen werden dürfen. Die gleiche Bemerkung gilt für die Zuschläge für die Berücksichtigung des Kaufquartals, die ebenfalls teilweise nicht signifikant verschieden von Null sind. Bei der Anpassung stückweise linearer Terme ist zudem zu überprüfen, ob an den Übergängen zwischen den Teilstücken Sprünge entstehen, die auf eine verbesserungsfähige Spezifikation hindeuten können. Wie Tests zeigen, ist dies nur in sehr geringem Masse der Fall.

	EFH 15 (robuste Schätzung)		
	Koeff.	SE	Signif.
Achsenabschnitt	-0.002	13.652	n.s.
Makrolage	1.000	0.007	***
DVOL600	-1.274	0.140	***
LVOL600	0.736	0.020	***
LVOL1300	0.536	0.012	***
DVOL2300	0.638	0.346	.
LVOL2300	0.453	0.047	***
DVOL23P	13.760	0.243	***
LVOL23P	-1.196	0.243	***
LLA2000	0.093	0.009	***
DLA2000P	-11.728	0.712	***
LLA2000P	1.634	0.095	***
LLAE250	0.007	0.002	***
DLAE600	-0.096	0.078	n.s.
LLAE600	0.024	0.014	.
DLAE1800	0.389	0.116	***
LLAE1800	-0.049	0.018	**
DLAE18P	11.831	0.649	***
LLAE18P	-1.605	0.087	***
BAUJ	-0.156	0.014	***
BAUJ^2	0.000	0.000	***
RENOV 1	0.037	0.006	***
RENOV 2	0.044	0.008	***
RENOV 3	0.106	0.009	***
RENOV 4	0.039	0.015	***
STAND 3	0.128	0.009	***
STAND 4	0.245	0.010	***
STAND 5	0.286	0.012	***
MIKRO 3	0.097	0.010	***
MIKRO 4	0.216	0.010	***
MIKRO 5	0.347	0.011	***
S 5 / M 5	0.135	0.015	***

Tabelle 5.7: Zusammenfassung des Modells EFH 15

	EFH 15 (robuste Schätzung)		
	Koeff.	SE	Signif.
2. Q. 2004	0.009	0.005	.
3. Q. 2004	0.013	0.005	**
4. Q. 2004	0.011	0.004	**
2. Q. LEM	-0.004	0.011	n.s.
3. Q. LEM	0.040	0.010	***
4. Q. LEM	0.023	0.009	***
2. Q. TOU	-0.065	0.026	***
3. Q. TOU	-0.005	0.022	n.s.
4. Q. TOU	0.066	0.020	***
EFHART 2	-0.045	0.004	***
FERIEN	0.084	0.015	***
SE Residuen	0.125		
FG Residuen	7'555		
R^2_{korr}	0.954		

Tabelle 5.7: Zusammenfassung des Modells EFH 15 (Forts.)
Quelle: Eigene Berechnungen; „." bezeichnet ein Signifikanzniveau von 10%, „*"
ein 5%, „**" ein 1% und „***" ein 1‰ Signifikanzniveau.

Die Analyse der Residuen zeigt wiederum eine langschwänzige Verteilung, die zu einem grossen Teil auf echte Ausreisser sowie Fehleingaben
zurückzuführen sein dürfte.
Der Tukey-Anscombe-Plot zeigt keine Anzeichen von Heteroskedastizität, allenfalls etwas an den Enden, wobei dies aufgrund der geringen
Zahl der Beobachtungen in diesen Bereichen kein Problem darstellen
dürfte. Auch die Regression der Residuen auf die erklärenden Variablen
zeigt kein weiteres Verbesserungspotenzial basierend auf den verfügbaren Variablen. Dasselbe gilt für diverse Tests mit Interaktionen und
weiteren regionalen Effekten.

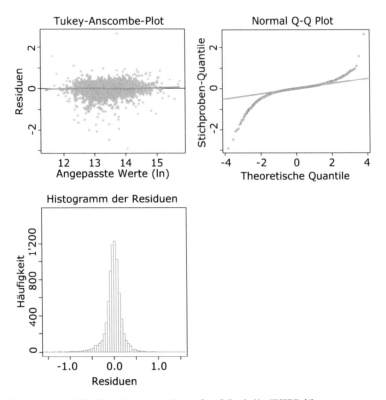

Abbildung 5.15: Residuenanalyse des Modells EFH 15
Quelle: Eigene Berechnungen.

Die Darstellung der Absolutwerte der Residuen nach Klassen zeigt, dass – inklusive sämtlicher Ausreisser und Fehleingaben – gut 80% der Liegenschaften mit einer Abweichung vom Transaktionspreis von höchstens ±20% geschätzt werden. Entfernt man die gröbsten Ausreisser – einige davon weisen ein Residuum von über 1'000% auf – wird gut ein Drittel der Beobachtungen mit einer absoluten Differenz von höchstens ±5% erklärt bzw. rund zwei Drittel der Liegenschaften mit einer maximalen absoluten Abweichung von ±10%. Betrachtet man wiederum eine Differenz von maximal ±20% als Benchmark, so können gut 96% der Einfamilienhäuser innerhalb dieser Residuenklasse erklärt werden.

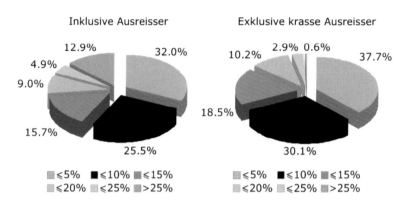

Abbildung 5.16: Verteilung der Residuen im Modell EFH 15
Quelle: Eigene Berechnungen; Verteilung der Absolutwerte der Residuen.

95

5.5 Kernaussagen und Würdigung

In einem ersten Schritt werden hedonische Modelle für diejenigen Ortschaften geschätzt, in denen im Jahr 2004 mindestens drei Beobachtungen vorliegen. Derart soll verhindert werden, dass die Modellierung der Makrolage die Ergebnisse beeinflusst.

Die Berücksichtigung der Garagenplätze über einen Koeffizienten mittels eines prozentualen Zuschlags führte zu theoretisch wenig sinnvollen Ergebnissen. Die Transaktionspreise werden deshalb vor der ökonometrischen Anpassung um angenommene Preise für die Garagenplätze korrigiert.

Anhand von nichtparametrischen Schätzungen kann gezeigt werden, dass die Annahmen log-linearer Zusammenhänge zwischen Transaktionspreis und den stetigen Variablen verworfen werden sollte. Grösseninformationen und Baujahr werden deshalb über stückweise lineare Zusammenhänge bzw. quadratische Terme angepasst.

Die qualitativen Informationen werden als Faktoren geschätzt, mit einem unterschiedlichen Zuschlag für jede Stufe des Faktors. Zudem werden Interaktionsterme zwischen den qualitativen Informationen eingeführt.

Anstelle der Variable Zustand wird als Kombination aus Alter und Zustand die Variable Renovationsstufen generiert und verwendet.

Die Standardabweichung des Modells für EWG liegt bei 12%, diejenige des Modells für EFH bei 12.5%. Beide Modelle weisen ein robustes R^2 von über 95% auf.

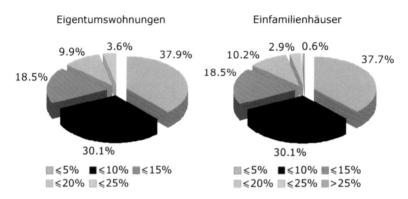

Abbildung 5.17: Verteilung der Residuen beider Nutzungen

Quelle: Eigene Berechnungen; exklusive krasse Ausreisser. Vgl. Abb. 5.12 und 5.16, jeweils die rechte Grafik.

6. Räumliche Generalisierung der Modelle

6.1 Einleitung

Da die Makrolagen in Kapitel 5 direkt aus den Daten geschätzt werden, bestehen zwei wichtige Fragestellungen:

Erstens können diese für einige der Ortschaften aufgrund einer geringen Fallzahl zufällig sein. Die Schätzung der Makrolagen in Kapitel 5 basiert auf erfassten Transaktionen, wobei in einigen Ortschaften nur einige wenige Beobachtungen vorliegen und entsprechend deren Durchschnitt nicht dem „wahren" Mittelwert entsprechen könnte.[83] Es gilt also, diese geschätzten Makrolagen zu plausibilisieren.

Zweitens können nur rund 730 (EWG) bzw. 1'000 (EFH) Makrolagen aus den Beobachtungen geschätzt werden. Es gilt also, die Makrolagen für die übrigen Ortschaften herzuleiten.[84]

In der Literatur ist nur sehr wenig zu diesem Thema zu finden, da hedonische Modelle meistens für einen einzigen Standort – z.B. die Stadt Paris – und jeweils mit fixen Effekten geschätzt werden (vgl. Kapitel 3).

Für die Schweiz bestehen verschiedene Modelle zur Herleitung der landesweiten Makrolagen:

· Wüest&Partner verwendet modellierte und verallgemeinerte m²-Preise für die beiden Nutzungen als Grundlage.[85]

· In den ursprünglichen Modellen der ZKB fliessen die Fahrzeit in die Stadt Zürich sowie die Zugehörigkeit zu einer der Planungsregionen des Kantons Zürich als erklärende Variablen zur Bestimmung der Makrolage ein (Bignasca et al. 1996, S. 23ff.).[86] In der Studie von 2004

---

[83] Zum Gesetz der grossen Zahl sowie zum zentralen Grenzwertsatz vgl. z.B. Stahel 2002, S. 114ff. sowie S. 152ff..

[84] Dies entspricht bei 2'907 Ortschaften zwar „nur" einem Viertel bzw. einem Drittel der möglichen Makrolagen, doch handelt es sich dabei um diejenigen Gebiete, in denen effektiv ein Markt stattfindet und die auch den grössten Bestand bzw. die grösste Bevölkerungsdichte aufweisen.

[85] Diese werden basierend auf modellierten, verallgemeinerten mittleren m²-Preisen aus Zeitungsinseraten sowie basierend auf Überprüfungen anhand von Transaktionsdaten geschätzt und quartalsweise fortgeschrieben.

[86] Die Autoren zeigen, dass die Fahrzeit motorisierter Individualverkehr generell einen höheren Erklärungsgehalt aufweist als die Fahrzeit mit dem öffentlichen Verkehr. Liegt die Fahrzeit öV aber deutlich unter der Fahrzeit MIV, so wird erstere verwendet.

werden zur Erklärung der Makrolage zudem die Steuerbelastung, die Steuerkraft sowie, für die an Winterthur angrenzenden Gemeinden, die Fahrzeit nach Winterthur verwendet (Salvi, Schellenbauer und Schmidt 2004, S. 38ff.).

· Scognamiglio (2000 und 2002, S. 53) unterscheidet allgemeine, geographische, makroökonomische sowie sozioökonomische Faktoren, die zur Modellierung der Makrolageparameter dienen. Insgesamt wird die Makrolage von diesem Autor aus rund 50 Variablen hergeleitet. Als Beispiele werden die Zentralität (Distanzen zu den Zentren und daraus abgeleitet eine Variable Potential), Logiernächte pro Einwohner sowie Reineinkommen pro Einwohner genannt. Die anderen Variablen werden nicht bekannt gegeben.

Unbekannte Preisniveaus aus den bekannten Preisniveaus umliegender Ortschaften herzuleiten, erscheint als nahe liegende und logische Modellidee, wobei Distanzen als Gewichte verwendet werden können (Kapitel 6.2 und 6.3). Gerade in der Schweiz, mit einem stark strukturierten Terrain und einer grossen Zahl von natürlichen Barrieren, können dabei aber grosse Probleme entstehen, weshalb sich die Verwendung von Fahrzeiten anstelle der Distanzen empfiehlt. Diese müssen aber zunächst durch geeignete Transformation in „Fahrzeitenkoordinaten" überführt werden (Kapitel 6.4) bevor sie zur Vorhersage brauchbar sind (Kapitel 6.5 und 6.6).

Basierend auf diesen generierten Makrolagen können nun flächendeckend Immobilienpreise geschätzt werden (Kapitel 6.7). Auch gilt es, die Modelle out of sample zu überprüfen (Kapitel 6.8) sowie die Residuen zu beurteilen (Kapitel 6.9).

6.2 Idee

Ein einfaches und logisches Modell besteht darin, das unbekannte Preisniveau eines Ortes durch die bekannten Preisniveaus der umliegenden Orte zu erklären (nächste Nachbarn). Dabei wird davon ausgegangen, dass eine räumliche Korrelation zwischen den Immobilienpreisen besteht, denn die Standorte stehen zu einander in Wettbewerb.

Angenommen für die Ortschaft Küsnacht am Zürichsee liegen keine Beobachtungen vor.[87] Hingegen seien die Preisniveaus der drei nächstgelegenen Ortschaften Zollikon, Erlenbach sowie Rüschlikon bekannt (vgl. Tab. 6.1 und Abb. 6.1).[88]

	Marktwert	Distanz nach Küsnacht	Gewicht
Zollikon	951'000 CHF	2.46 km	28.1%
Erlenbach	840'000 CHF	1.62 km	42.8%
Rüschlikon	786'000 CHF	2.38 km	29.1%

Tabelle 6.1: Preisniveaus der Beispielsortschaften
Quelle: Eigene Annahmen und Berechnungen.

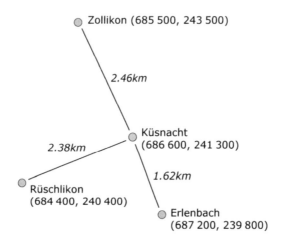

Abbildung 6.1: Räumliche Darstellung der Beispielsortschaften
Quelle: Eigene Berechnungen; Darstellung mit Schweizer Landeskoordinaten.

Anhand der Koordinaten dieser Ortschaften können die Distanzen nach Küsnacht berechnet und deren Inversen als Gewichte verwendet werden. Basierend auf diesem Modell resultiert für eine ansonsten gleich

---

[87] Diese Annahme trifft nicht zu, sondern der Referenzwert für eine typische EWG kann direkt aus den Daten geschätzt werden. Dieser beträgt 904'000 CHF.
[88] Geschätzt wird der Marktwert einer EWG mit 100 m² NWF, durchschnittlichem Standard, an einer guten Mikrolage und Baujahr 2005.

spezifizierte Wohnung in Küsnacht ein geschätzter Marktwert von 855'000 CHF.

6.3 Nichtparametrische Vorhersage mittels Distanzen

Anhand der geographischen Koordinaten kann diese Idee auf die gesamte Schweiz verallgemeinert werden und über ein nichtparametrisches Modell anhand der bekannten Stützpunkte geschätzt werden. Wird den bekannten Makrolageparametern vertraut, kann ein kubischer Trend höherer Dimension, ein „thin plate regression spline" angepasst werden (vgl. z.B. Hastie, Tibhsirani und Friedman 2001, S. 138ff.).[89] Eine grosse Anzahl von Knoten ist hier insofern wünschenswert, da den vorhandenen Makrolageparametern grosses Vertrauen entgegen gebracht wird und entsprechend eine stark strukturierte Oberfläche berechnet werden soll.

Im Modell wird für acht Gemeindetypen (GEMTYP1,...) ein generelles Niveau geschätzt und der nichtparametrischen Anpassung der geographischen Koordinaten überlagert (vgl. Abb. 6.2).[90] Als weitere Information wird die transformierte prozentuale Steuerbelastung (STEU) der jeweiligen politischen Gemeinde berücksichtigt.[91] Hinzu kommt ein Zuschlag für das rechte Zürichseeufer (ZSEERE) (vgl. Tab. 6.2).

---

[89] „Thin plate regression splines" sind die höherdimensionale Erweiterung der kubischen Regressionssplines. Der Name stammt von den physikalischen Verformungseigenschaften einer dünnen Metallplatte.

[90] Die 22 Gemeindetypen gemäss BFS werden zu 8 Haupttypen zusammengefasst (vgl. Anhang).

[91] Die Steuerbelastungen wurden von der Credit Suisse zur Verfügung gestellt (Credit Suisse und Tribut 2005). Verwendet wird die Steuerbelastung für ein Ehepaar mit zwei Kindern, Einzelverdiener, Bruttoarbeitseinkommen 150'000 CHF. Die Daten werden gemäss „Tukey's first aid transformations" Arcus Sinus transformiert (vgl. z.B. Stahel 2002, S. 278).

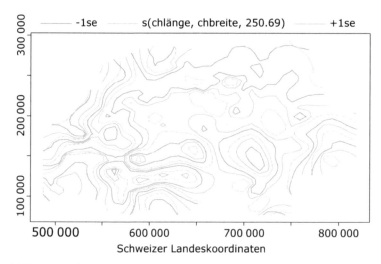

Abbildung 6.2: Nichtparametrische Anpassung EWG
Quelle: Eigene Berechnungen.

	Koeff.	SE	Signif.
GEMTYP8 1	5.685	0.001	***
GEMTYP8 2	5.684	0.001	***
GEMTYP8 3	5.684	0.001	***
GEMTYP8 4	5.684	0.001	***
GEMTYP8 5	5.684	0.001	***
GEMTYP8 6	5.684	0.001	***
GEMTYP8 7	5.684	0.001	***
GEMTYP8 8	5.684	0.001	***
STEU	-0.010	0.001	***
ZSEERE	0.001	0.000	***
Spline (χ^2)	1850.3		***
SE Residuen	0.000		
FG Residuen (edf)	250.7		
R^2_{korr}	0.834		

Tabelle 6.2: Nichtparametrische Anpassung der Makrolagen EWG
Quelle: Eigene Berechnungen; „***" bezeichnet ein 1‰ Signifikanzniveau.

Anhand der geschätzten Struktur können nun Makrolagen für sämtliche Ortschaften geschätzt werden. Zudem können die bereits bekannten Makrolagen überprüft werden (vgl. Abb. 6.3).

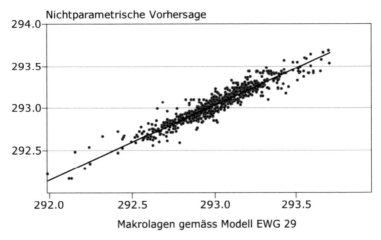

Abbildung 6.3: Vergleich der Makrolagen EWG
Quelle: Eigene Berechnungen.

Insgesamt zeigen die Überprüfungen der neu geschätzten mit den bestehenden Makrolagen aus dem Modell EWG 29 bis auf wenige Einzelfälle eine sehr gute Übereinstimmung, so dass davon ausgegangen werden kann, dass der gewählte Weg grundsätzlich ein guter ist und dass die fehlenden Makrolagen anhand räumlicher Korrelation geschätzt werden können.

Allerdings hat obiges Modell aus rein logischer Sicht zwei grosse Nachteile:

Erstens nimmt die nichtparametrische Anpassung keinerlei Rücksicht auf die starke geographische Strukturierung der Schweiz. Aus diesem Grund fliessen beispielsweise bei der Modellierung von Makrolagen nördlich des Alpenhauptkamms die bekannten Makrolagen südlich des Alpenhauptkamms mit ein, was aus logischer Sicht nicht überzeugt. Dasselbe gilt für obiges Beispiel, wo aufgrund der nahen Distanz die Gemeinde Rüschlikon auf der linken Seite des Zürichsees einen starken Einfluss auf die Erklärung der Preise in Küsnacht auf der rechten Seeseite hat.

Zweitens – und dies ist teilweise auch durch die topographische Strukturierung der Schweiz begründbar – dürften die räumlichen Korrelationen durch die Verwendung von Fahrzeiten anstelle von

Distanzen wesentlich besser erklärt werden können, da die Strassen teilweise stark gewunden sind und entsprechend längere Wege bei geringeren Geschwindigkeiten in Kauf genommen werden müssen als auf anderen Strecken.

6.4 Schätzung von Fahrzeitenkoordinaten

Verwendet man im Beispiel von Küsnacht anstelle der Distanzen die Fahrzeiten zwischen den Ortschaften (motorisierter Individualverkehr (MIV) bzw. öffentlicher Verkehr (öV)), verschieben sich die Gewichte stark und nur noch rund 18% des Preises von Küsnacht wird durch denjenigen von Rüschlikon erklärt.[92,93] Das Preisniveau von Küsnacht erhöht sich dabei – je nach Gewicht der einzelnen Verkehrsmittel – auf rund 870'000 CHF. Berücksichtigt man nun zusätzlich noch den Umstand, dass Rüschlikon verkehrstechnisch sehr weit entfernt – in einer anderen „Geländekammer" – liegt und deshalb gar kein Gewicht haben sollte, erhöht sich die Vorhersage für Küsnacht auf 892'000 CHF. Obwohl damit der „wahre" Wert von 904'000 CHF nicht ganz erreicht wird, bringt die Verwendung von Fahrzeiten anstelle von reinen Distanzen doch eine grosse Verbesserung.

Das Problem bei der Verwendung von Fahrzeiten anstelle von reinen Distanzen liegt darin, dass erstere nicht als zweidimensionales Koordinatensystem dargestellt werden können, sondern dass ein höherdimensionales Koordinatensystem notwendig wird. Die ersten drei Ortschaften könnten anhand der Fahrzeiten als zweidimensionale Koordinaten dargestellt werden, bei vier Ortschaften wird im Allgemeinen bereits eine dritte Dimension notwendig. Die Zahl der not-

---

[92] Die Fahrzeiten zwischen den Gemeinden für das Jahr 2000 wurden vom IVT der ETH Zürich zur Verfügung gestellt (Vrtic et. al. 2005, vgl. auch Fröhlich und Axhausen 2004). Motorisierter Individualverkehr (MIV): Unter Belastung d.h. inkl. Berücksichtigung von Staus, Kreuzungen etc.. Öffentlicher Verkehr (öV): Inklusive Zugangs- und Abgangszeit zum Bahnhof, Umsteigezeiten sowie Umsteigewartezeiten aufgrund der Frequenz. Verwendet wird das gewichtete Mittel, wobei die geringere Fahrzeit – bis auf wenige Ausnahmen der Individualverkehr – ein Gewicht von 95% erhält.

[93] In der Umsetzung mit sämtlichen Gemeinden erhält die Gemeinde Rüschlikon ein noch geringeres Gewicht, denn andere Gemeinden liegen gemessen an den Fahrzeiten deutlich näher.

wendigen Dimensionen beträgt im Extremfall n-1, mit n = 2'910 = Anzahl Ortschaften.

Eine so grosse Zahl von Dimensionen wäre kaum praktisch umsetzbar und es stellt sich die Frage, mit wie vielen Dimensionen p eine Darstellung der Fahrzeiten als Koordinaten hinreichend gut und praktikabel ist.

Die Bestimmung der Zahl der notwendigen Dimensionen erfolgt über eine klassische, metrische, multidimensionale Skalierung MDS (vgl. Cox und Cox 1994, Backhaus et al. 2000 sowie Mächler 2004). Die Werte der Fahrzeitenmatrix D mit 2'910 Zeilen und gleich vielen Spalten können als approximative euklidische Distanzen

$$d_{ij} = \sqrt{\sum_{k=1}^{p} (x_{ik} - x_{jk})^2} \qquad (6.1)$$

für jedes Paar von Ortschaften i j interpretiert werden, wobei x_{ik} die Koordinate der Ortschaft i auf der k-ten Hauptkoordinate bezeichnet.

Die Matrix D wird in die Matrix A überführt, mit $a_{ij} = -\frac{1}{2} d_{ij}^2$.

Diese Matrix wiederum wird über ihre Zeilen- und Spaltenmittelwerte zentriert und als Matrix B bezeichnet. Durch die Eigenvektorzerlegung von B können die Koordinaten X berechnet werden:

$$B = U\Lambda U = XX^T , \qquad (6.2)$$

mit Λ = Vektor der Eigenwerte, U = Zentrierungsmatrix und X = Koordinatenmatrix, wobei $\lambda_1 \geq \lambda_2 \geq ... \geq \lambda_n$ und $X = U\Lambda^{1/2}$. Entsprechen die d_{ij} exakt den euklidischen Distanzen, kann derart das zweidimensionale geographische Koordinatensystem berechnet werden.[94] Im vorliegenden Fall trifft dies allerdings nicht zu, sondern es sind mehr Eigenwerte positiv. Wie der Screeplot (Abb. 6.4) zeigt, können die Fahrzeiten zwischen den Schweizer Ortschaften bereits sehr gut über ein Koordinatensystem mit $p = 2$ dargestellt werden, da die übrigen Hauptkoordinaten jeweils nur einen sehr geringen Anteil der Varianz zu erklären vermögen. Wie weitere Analysen zeigen, bringt die Verwendung einer dritten Koordinate aber den Vorteil, dass damit eher periphere Gebiete wie die Ajoie, das Obergoms oder das Münstertal besser differenziert werden können und die Verwendung einer dritten Koordinate somit sinnvoll ist. Der kumulierte Anteil erklärter Varianz der ersten drei Hauptkomponenten liegt bei rund 90%.

---

[94] In diesem Fall sind die ersten beiden Eigenwerte positiv, alle weiteren n-2 Eigenwerte sind gleich Null.

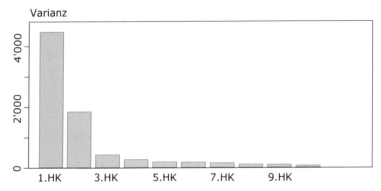

Abbildung 6.4: Screeplot der Hauptkomponenten der MDS
Quelle: Eigene Berechnungen.

Die Darstellung der Ortschaften in den ersten beiden Hauptkoordinaten der MDS zeigt ein nicht grundsätzlich anderes, aber doch eher ungewöhnliches Bild der Schweiz (Abb. 6.5). Dabei werden die Hauptverkehrsachsen sehr schön herauskristallisiert und der gesamte Mittellandbogen rückt näher zusammen als in der rein geographischen Darstellung. Die Täler in den (Vor)Alpen sowie die Gebirgsketten können ebenfalls gut aus der Darstellung herausgelesen werden.

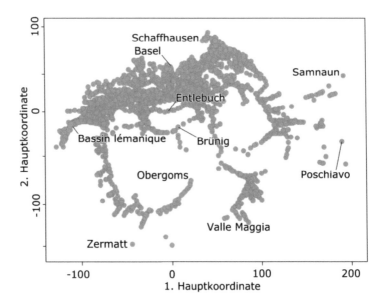

Abbildung 6.5: 1. und 2. Hauptkoordinate der MDS
Quelle: Eigene Berechnungen.

Mit der dritten Hauptkoordinate werden insbesondere die Randregionen weiter differenziert dargestellt (Abb. 6.6).

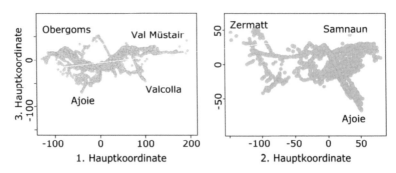

Abbildung 6.6: 1. und 3. sowie 2. und 3. Hauptkoordinate der MDS
Quelle: Eigene Berechnungen.

Dieses dreidimensionale Koordinatensystem basierend auf den Fahrzeiten wird nun anstelle der geographischen Koordinaten zur Modellierung der Makrolage verwendet.

6.5 Vorhersage der Preisniveaus mittels Fahrzeiten

Die Anpassung der im Modell EWG 29 geschätzten und transformierten
Makrolagen erfolgt wiederum über einen „thin plate regression spline"
hoher Dimension, wobei neben den Fahrzeitenkoordinaten weitere
erklärende Variablen hinzugenommen werden. Neben einer Zusammenfassung der 22 Gemeindetypen des BFS (vgl. Anhang) werden regionale
Besonderheiten der Lage sowie die transformierte Steuerbelastung getestet.

Das verwendete Modell basiert in erster Linie auf der Anpassung der
„bekannten" Makrolagen an die mittels MDS berechneten Fahrzeitenkoordinaten. Als weiterer Aspekt ist der Gemeindetyp von Relevanz.
Insbesondere zeigt sich, dass die Urbanität auch im Mittelland eine
grosser Rolle spielt, da urbane Orte typischerweise ein grösseres
Freizeitangebot, bessere kleinräumige öffentliche Verkehrsmittel und
insbesondere die Nähe zu den Arbeitsplätzen gewährleisten. Diesem
Umständen wird durch die Anpassung an den Gemeindetyp Rechnung
getragen, wobei aus Gründen der Einfachheit letztlich nur ein Dummy
für die Zentren verwendet wird.[95] Da für Wohnlagen in der kleinräumigen Betrachtung auch Aussicht, Besonnung, Image und weitere
Aspekte zentral sind, werden unterschiedliche raumbezogene Indikatoren getestet. Es zeigt sich, dass insbesondere in den Ortschaften
entlang des Genfersees sowie am rechten Zürichseeufer gegenüber den
Nicht-Seeortschaften ein Aufpreis bezahlt wird. Insbesondere am rechten Ufer des Zürichsees, der „Goldküste", ist dieser gross.

Weisen an einander angrenzende Ortschaften bzw. politische Gemeinden wesentlich andere Steuerbelastungen auf, hat dies Auswirkungen auf
die Marktwerte für die Liegenschaften. Die Steuervorteile eines Standorts
werden durch höhere Marktwerte – zumindest teilweise – kompensiert
(vgl. Tab. 6.3).[96]

---

[95] Der Einfluss der anderen Gemeindetypen ist gering, da der Spline den Einfluss
   dieser weiteren Indikatorvariablen gut aufzufangen vermag.
[96] Der Einfluss der Steuerbelastung sollte nicht überinterpretiert werden. Diese
   dient vielmehr als Indikator für andere zentrale Variablen wie die Kaufkraft.

	Eigentumswohnungen			Einfamilienhäuser		
	Koeff.	SE	Signif.	Koeff.	SE	Signif.
Achsenabschn.	5.684	0.000	***	5.063	0.001	***
STEU	-0.011	0.001	***	-0.018	0.003	***
STADT	0.191	0.045	***	0.338	0.104	***
ZSEERE	0.726	0.133	***	1.274	0.333	***
GESEE	0.327	0.084	***	0.520	0.192	**
Spline (χ^2)	2'320		***	2'329		***
EDF	234			202		
SE Residuen	0.000			0.000		
R^2_{korr}	0.832			0.774		

Tabelle 6.3: Nichtparametrische Anpassung der Makrolagen
Quelle: Eigene Berechnungen; „***" bezeichnet ein 1‰ Signifikanzniveau. Die Indikatorvariablen STADT, ZSEERE und GESEE werden durch 1'000 dividiert um die Lesbarkeit der Koeffizienten und Standardfehler zu verbessern.

Mit diesem einfachen Modell können 83% der Varianz der Makrolagen der EWG erklärt werden, wobei sich zeigt, dass die Anpassung generell sehr gut ist, dass aber einige wenige „bekannte" Makrolagen Abweichungen aufweisen, die genauerer Analysen bedürfen. Das Kernelement des Modells ist die Anpassung an die Fahrzeitenkoordinaten, die für sich alleine rund 80% der Varianz erklären. Erwartungsgemäss besteht ein negativer Zusammenhang zwischen Marktwert und Steuerbelastung und auch die beiden Zuschläge für die Lage an den Sonnenküsten sowie die Zentrumslagen ergeben hochsignifikante Zuschläge.

Gegenüber dem Modell mit dem geographischen Spline ergeben sich praktisch identische Ergebnisse. Dies ist allerdings insofern nahe liegend, da ja in beiden Modellen bewusst Splines möglichst hoher Dimension angepasst wurden um die bekannten Makrolagen möglichst genau wiederzugeben. Die Güte der Modelle kann aus diesem Grund weniger aus der Anpassung selbst, als aus der Analyse der Vorhersagen der fehlenden Makrolagen analysiert werden.

Im Unterschied zu den EWG, die primär in den Agglomerationen und touristischen Gebieten zu finden sind, sind die Beobachtungen im Segment EFH gleichmässiger über die Schweiz verteilt. So sind auch in vielen eher peripheren Regionen Beobachtungen vorhanden, die die

---

Zudem bestehen wohl Rückkoppelungseffekte zwischen den Immobilienpreisen und der Steuerbelastung.

Schätzung einer Makrolage erlauben. Die 1'011 „bekannten" Makrolagen werden an das gleiche Modell angepasst wie die der EWG. Die Anpassung EFH zeitigt sehr ähnliche Resultate wie die Anpassung EWG, insbesondere bei den Zuschlägen für die Genferseegemeinden, die Goldküste sowie den Einfluss der Steuerbelastung (Tab. 6.3). Gegenüber dem Modell für die EWG (R^2 = 83.2%) schneidet das Modell EFH mit einem R^2 von 77.4% etwas schlechter ab. Die Residuenanalyse zeigt allerdings für beide Modelle, dass bezüglich der erklärenden Variablen keine Strukturen vorhanden sind, dass aber bei den EFH einige wenige grobe Ausreisser vorkommen, die speziell analysiert werden müssen.

6.6 Analysen der vorhergesagten Makrolagen

Anhand der räumlichen Modelle zur Erklärung der Makrolagen werden Vorhersagen für sämtliche Ortschaften geschätzt, die es zu überprüfen gilt (Abb. 6.7).

Zunächst wird die Korrelation zwischen den jeweiligen Makrolagen berechnet. Diese sollte aus theoretischer Sicht gross sein. Gleichzeitig dürfte die Korrelation aber auch nicht eins betragen, da die beiden Marktsegmente je nach Region wohl eine unterschiedliche Attraktivität aufweisen. In eher ländlichen Gebieten, mit vergleichsweise geringen Preisen, dürfte die Zahlungsbereitschaft für EFH deutlich grösser sein als für EWG, in den Zentren und touristischen Gebieten dürfte diese Differenz abnehmen, da andere Faktoren wie Zentralität der Mikrolage wichtiger werden. Zudem kommen aufgrund der hohen Marktwerte wohl vermehrt Budgetrestriktionen zum Tragen, so dass die Substitution von EFH durch EWG wichtiger wird. Die Produktmomenten-Korrelation von Pearson ist mit 0.84 in der Tat sehr gross, wobei einige Ausreisser auffällig sind und näherer Analysen bedürfen.[97] Durch die Überprüfung und Korrektur einiger Ausreisser wird der Korrelationskoeffizient auf 0.85 erhöht.

---

[97] Dies sind Samnaun (GR), Ferden (VS), Wiler (VS), Kippel (VS), Simplon (VS), Zwischbergen (VS) und Zermatt (VS). Diese Ortschaften werden korrigiert.

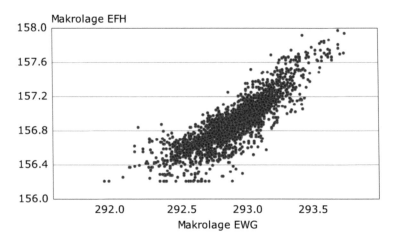

Abbildung 6.7: Streudiagramm der Makrolagen EFH und EWG
Quelle: Eigene Berechnungen.

Als weitere Überprüfung der Makrolagen wird das Modell EWG 29 bzw. das Modell EFH 15 (vgl. Kapitel 5) unter Verwendung der vorhergesagten Makrolagen neu geschätzt. Es werden nun nicht mehr fixe Effekte verwendet, sondern die generierten Makrolagen werden den Beobachtungen zugewiesen. Entsprechend werden eine Konstante sowie ein globaler Koeffizient für die Makrolagen geschätzt. In dieser Schätzung sollte der Koeffizient für die Makrolagen etwa Eins betragen und eine sehr kleine Standardabweichung aufweisen.
Im Gegensatz zu den Modellen mit fixen Effekten werden nun zusätzlich die Beobachtungen aus denjenigen Ortschaften berücksichtigt, für die die Makrolage ausschliesslich über die räumliche Anpassung vorhergesagt wurde. Bei den EWG kommen so 699 und bei den EFH 1'158 Beobachtungen hinzu.

6.6.1 Neuschätzung des Modells EWG 29
Die Koeffizienten des Modells EWG 29 erfahren gegenüber dem Modell EWG 29 mit fixen Effekten (vgl. Kapitel 5.3) keine wesentlichen Veränderungen, sondern werden weitestgehend bestätigt. Erwartungsgemäss liegt der Koeffizient für die Makrolage nahe bei Eins, was – insbesondere auch aufgrund des geringen Standardfehlers dieses

Koeffizienten – zeigt, dass die Modellierung der Makrolagen grundsätzlich erfolgreich ist. Der Standardfehler der Regression liegt mit 0.124
etwas höher als im Modell mit fixen Effekten (0.120), das R^2 ist mit
0.971 vergleichbar (0.973).

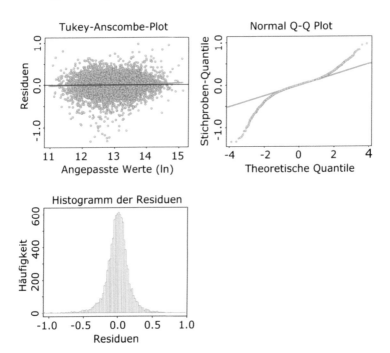

Abbildung 6.8: Residuenanalyse des Modells EWG 29
Quelle: Eigene Berechnungen.

Die Analyse der Residuen zeigt keine Strukturen gegenüber den
erklärenden Variablen und auch die Einführung eines zusätzlichen
Faktors mit den 106 MS-Regionen und andere regionale Analysen der
Residuen zeigen keine wesentlichen regionalen Fehler.

	Modell mit fixen Effekten (Tab. 5.6)			Neuschätzung mit allen Makrolagen		
	Koeff.	SE	Signif.	Koeff.	SE	Signif.
Achsenabschn.	0.006	18.513	n.s.	13.530	18.912	n.s.
Makrolage[98]	1.000	0.006	***	0.996	0.006	***
DNWF50	-1.657	0.152	***	-1.576	0.153	***
LNWF50	1.170	0.033	***	1.149	0.033	***
DNWF5075	-0.855	0.161	***	-0.814	0.161	***
LNWF5075	0.961	0.032	***	0.951	0.032	***
DNWF7500	-0.463	0.188	**	-0.382	0.188	*
LNWF7500	0.874	0.037	***	0.855	0.037	***
LNWF0150	0.775	0.019	***	0.775	0.019	***
DNWF150P	-0.511	0.168	**	-0.411	0.167	*
LNWF150P	0.879	0.027	***	0.858	0.027	***
DNWFTOU3	-1.415	0.302	***	-1.596	0.309	***
LNWFTOU3	0.296	0.061	***	0.333	0.062	***
BAUJ	-0.295	0.019	***	-0.307	0.019	***
BAUJ^2	0.000	0.000	***	0.000	0.000	***
RENOV 1	0.052	0.006	***	0.056	0.006	***
RENOV 2	0.077	0.008	***	0.082	0.008	***
RENOV 3	0.146	0.011	***	0.153	0.011	***
RENOV 4	0.249	0.019	***	0.251	0.019	***
STAND 3	0.043	0.012	***	0.047	0.012	***
STAND 4	0.176	0.012	***	0.177	0.012	***
STAND 5	0.255	0.018	***	0.254	0.018	***
MIKRO 3	0.037	0.010	***	0.033	0.010	***
MIKRO 4	0.149	0.010	***	0.147	0.010	***
MIKRO 5	0.248	0.015	***	0.241	0.015	***
S 5 / M 4	0.040	0.016	**	0.045	0.016	**
S 4 / M 5	0.050	0.013	***	0.058	0.012	***
S 5 / M 5	0.148	0.020	***	0.158	0.020	***

Tabelle 6.4: Vergleich der Modelle EWG 29

---

[98] Da es sich bei der Makrolage um eine generierte Variable handelt, müsste der Standardfehler nach oben korrigiert werden um einen korrekten T-Wert zu berechnen. Aufgrund des sehr grossen T-Wertes wird aber darauf verzichtet, da die Interpretation materiell nicht änderte.

	Modell mit fixen Effekten (Tab. 5.6)			Neuschätzung mit allen Makrolagen		
	Koeff.	SE	Signif.	Koeff.	SE	Signif.
2. Q. 2004	0.022	0.006	***	0.024	0.006	***
3. Q. 2004	0.001	0.005	.	0.008	0.005	.
4. Q. 2004	0.019	0.004	***	0.020	0.004	***
2. Q. LEM	-0.011	0.001	n.s.	-0.011	0.001	n.s.
3. Q. LEM	0.030	0.008	***	0.036	0.008	***
4. Q. LEM	0.021	0.007	***	0.020	0.007	***
2. Q. TOU	-0.003	0.017	n.s.	-0.002	0.017	n.s.
3. Q. TOU	0.075	0.012	***	0.076	0.013	***
4. Q. TOU	0.020	0.001	*	0.017	0.001	.
FERIEN	0.085	0.007	***	0.084	0.007	***
SE Residuen	0.120			0.124		
FG Residuen	8'774			9'472		
R^2_{korr}	0.973			0.971		

Tabelle 6.4: Vergleich der Modelle EWG 29 (Forts.)
Quelle: Eigene Berechnungen; „." bezeichnet ein Signifikanzniveau von 10%, „*"
ein 5%, „**" ein 1% und „***" ein 1‰ Signifikanzniveau.

Gegenüber dem Modell mit fixen Effekten resultiert aufgrund der
Vorhersage der Makrolagen eine geringfügige Verschlechterung, wobei
diese einerseits auf Unzulänglichkeiten bei der Vorhersage einzelner
Makrolagen zurückgeführt werden kann, andererseits dürfte im Modell
mit fixen Effekten auch eine gewisse Überanpassung in Ortschaften mit
wenigen Beobachtungen aufgetreten sein.

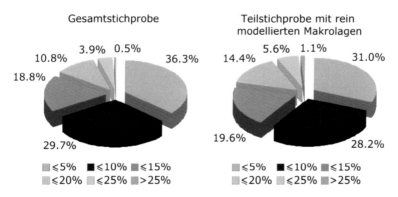

Abbildung 6.9: Verteilung der Residuen im Modell EWG 29
Quelle: Eigene Berechnungen; Verteilung der Absolutwerte der Residuen, exklusive
krasse Ausreisser.

Betrachtet man die Verteilungen der Absolutwerte der Residuen (Abb. 6.9) ist festzustellen, dass die Resultate der Gesamtstichprobe ähnlich gut sind, wie diejenigen des Modells mit fixen Effekten (vgl. Abb. 5.11). Etwas weniger genau ist aber die Schätzung der Liegenschaften in denjenigen Gemeinden, in denen die Makrolage ausschliesslich auf Modellierungen beruht. Auch hier ist aber festzustellen, dass fast 60% dieser Objekte mit einer Differenz von ±10% erklärt werden können, der Anteil der Beobachtungen mit einer maximalen Abweichung von ±20% liegt bei 93.3%.[99]

6.6.2 Neuschätzung des Modells EFH 15

Die Neuschätzung des Modells EFH 15 zeitigt sehr ähnliche Ergebnisse wie das Modell mit fixen Effekten. Insbesondere die Koeffizienten können weitestgehend bestätigt werden und auch der Koeffizient für die Makrolage liegt – bei einem kleinen Standardfehler – sehr nahe bei Eins. Das R^2 der beiden Modelle ist denn auch praktisch identisch (0.950 gegenüber 0.954), wobei der Standardfehler der Regression mit 0.135 fast ein Prozentpunkt höher liegt als im Modell mit fixen Effekten. Wie die Analysen der Residuen zeigen, ist dies aber zu einem grossen Teil auf vergleichsweise viele kontaminierte Daten aus einer der Datenquellen zurückzuführen.

Auch im neu geschätzten Modell EFH 15 weisen die Residuen keine Strukturen bezüglich der erklärenden Variablen auf, insbesondere auch nicht in regionaler Hinsicht, wobei die gleiche Einschränkung wie bei den EWG gilt.

Auch bei den EFH resultiert insgesamt eine gewisse Verschlechterung gegenüber dem Modell mit fixen Effekten, wobei die Ergebnisse aber immer noch sehr gut sind (vgl. Abb. 6.10 und Tab. 6.5).[100]

---

[99] Zudem ist eine etwas geringere Schätzgenauigkeit schon deshalb nicht erstaunlich, da die Standardabweichung üblicherweise negativ mit der Zahl der Beobachtungen korreliert ist, dass der Schätzfehler bei einer grösseren Zahl von Beobachtungen also fast immer geringer ist als bei einer geringen Fallzahl (zum Gesetz der grossen Zahl, das auf Jacob Bernoulli, publiziert 1713, zurückgeht, vgl. z.B. Stahel 2002, S. 114ff.).

[100] Ein gewisser Teil der Verschlechterung ist auf die Datenqualität zurückzuführen, da ein grösserer Teil der zusätzlichen Rohdaten von einer bestimmten Datenquelle stammt und diese Rohdaten erfahrungsgemäss stärker mit fehlerhaften Eingaben kontaminiert sind als diejenigen der anderen Quellen.

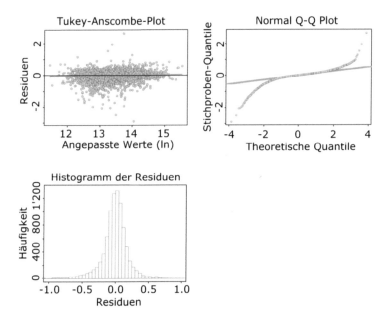

Abbildung 6.10: Residuenanalyse des Modells EFH 15
Quelle: Eigene Berechnungen.

	Modell mit fixen Effekten (Tab. 5.7)			Neuschätzung mit allen Makrolagen		
	Koeff.	SE	Signif.	Koeff.	SE	Signif.
Achsenabschn.	-0.002	13.652	n.s.	-4.536	13.899	n.s.
Makrolage[101]	1.000	0.007	***	0.996	0.007	***
DVOL600	-1.274	0.140	***	-1.213	0.137	***
LVOL600	0.736	0.020	***	0.732	0.019	***
LVOL1300	0.536	0.012	***	0.541	0.012	***
DVOL2300	0.638	0.346	.	0.767	0.352	*
LVOL2300	0.453	0.047	***	0.439	0.048	***
DVOL23P	13.760	0.243	***	4.178	0.091	***
LVOL23P	-1.196	0.243	***			
LLA2000	0.093	0.009	***	0.085	0.009	***
DLA2000P	-11.728	0.712	***	-8.645	0.697	***
LLA2000P	1.634	0.095	***	1.220	0.093	***
LLAE250	0.007	0.002	***	0.009	0.002	***
DLAE600	-0.096	0.078	n.s.	-0.101	0.080	n.s.
LLAE600	0.024	0.014	.	0.026	0.014	*
DLAE1800	0.389	0.116	***	0.373	0.118	***
LLAE1800	-0.049	0.018	**	-0.045	0.018	**
DLAE18P	11.831	0.649	***	9.464	0.648	***
LLAE18P	-1.605	0.087	***	-1.245	0.086	***
BAUJ	-0.156	0.014	***	-0.151	0.014	***
BAUJ^2	0.000	0.000	***	0.000	0.000	***
RENOV 1	0.037	0.006	***	0.038	0.006	***
RENOV 2	0.044	0.008	***	0.042	0.008	***
RENOV 3	0.106	0.009	***	0.110	0.009	***
RENOV 4	0.039	0.015	***	0.033	0.016	*
STAND 3	0.128	0.009	***	0.140	0.009	***
STAND 4	0.245	0.010	***	0.260	0.009	***
STAND 5	0.286	0.012	***	0.302	0.013	***
MIKRO 3	0.097	0.010	***	0.095	0.010	***
MIKRO 4	0.216	0.010	***	0.219	0.010	***
MIKRO 5	0.347	0.011	***	0.357	0.011	***
S 5 / M 5	0.135	0.015	***	0.150	0.016	***

Tabelle 6.5: Vergleich der Modelle EFH 15

[101] Auf die Korrektur des Standardfehlers der generierten Variable Makrolage wird verzichtet.

	Modell mit fixen Effekten (Tab. 5.7)			Neuschätzung mit allen Makrolagen		
	Koeff.	SE	Signif.	Koeff.	SE	Signif.
2. Q. 2004	0.009	0.005	.	0.012	0.006	*
3. Q. 2004	0.013	0.005	**	0.011	0.005	**
4. Q. 2004	0.011	0.004	**	0.009	0.004	**
2. Q. LEM	-0.004	0.011	n.s.	-0.001	0.011	n.s.
3. Q. LEM	0.040	0.010	***	0.045	0.010	***
4. Q. LEM	0.023	0.009	***	0.031	0.009	***
2. Q. TOU	-0.065	0.026	***	-0.105	0.026	***
3. Q. TOU	-0.005	0.022	n.s.	-0.034	0.021	n.s.
4. Q. TOU	0.066	0.020	***	0.006	0.019	n.s.
EFHART 2	-0.045	0.004	***	-0.043	0.004	***
FERIEN	0.084	0.015	***	0.089	0.014	***
SE Residuen	0.125			0.135		
FG Residuen	7'555			8'714		
R^2_{korr}	0.954			0.950		

Tabelle 6.5: Vergleich der Modelle EFH 15 (Forts.)
Quelle: Eigene Berechnungen; „." bezeichnet ein Signifikanzniveau von 10%, „*"
ein 5%, „**" ein 1% und „***" ein 1‰ Signifikanzniveau.

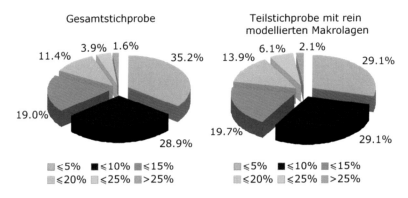

Abbildung 6.11: Verteilung der Residuen im Modell EFH 15
Quelle: Eigene Berechnungen; Verteilung der Absolutwerte der Residuen, exklusive
krasse Ausreisser.

Über die gesamte Stichprobe hinweg ist die Verteilung der Absolutwerte
der Residuen (Abb. 6.11) ähnlich gut wie im Modell mit fixen Effekten
(vgl. Abb. 5.16). 94.5% der beobachteten Preise werden mit einer
Differenz von maximal ±20% erklärt. Die Vorhersage der Marktwerte

für die Teilstichprobe mit den rein modellierten Makrolagen ist im Vergleich klar schlechter, es werden aber dennoch 58% der Preise mit einer Abweichung von höchstens ±10% erklärt und fast 92% mit einer Abweichung von maximal ±20%.

Die Gründe für diese Verschlechterung liegen sicherlich auch in der Modellierung der Makrolagen, mit der nicht die gesamte Variabilität der Standorte erklärt werden kann. Gleichzeitig gilt aber auch hier der Hinweis auf eine der Datenquellen, deren Rohdaten stärker kontaminiert sind als die der anderen Quellen. Ein weiterer Grund dürfte darin liegen, dass diese Liegenschaften eher in kleineren und peripheren Ortschaften zu finden sind. Hier sind die Immobilienpreise bedeutend geringer als in den Zentren (die geringsten Preise betragen nur rund 16% des Preises der teuersten Ortschaften), so dass ein Fehler von 10'000 CHF prozentual stärker ins Gewicht fällt als bei einem hohen Marktwert.

Es bleibt aber festzuhalten, dass die Modellierung der Makrolagen vor allem in den peripheren Gebieten noch ein Verbesserungspotenzial bergen dürfte, eine Überprüfung ist aufgrund mangelnder Daten aber schwierig.

6.7 Wertlandschaften für typische Liegenschaften

Basierend auf den Modellen ist es möglich, für jede Ortschaft der Schweiz einen Marktwert für ein typisches Einfamilienhaus bzw. für eine typische EWG zu schätzen. Von Interesse sind in diesem Zusammenhang der räumliche Verlauf der Immobilienpreise sowie ein Ranking der Ortschaften.[102]

6.7.1 Wertlandschaft EWG, 4. Quartal 2004

Die nachstehenden Auswertungen für EWG basieren auf einem typischen Objekt mit einer NWF von 110 m², Baujahr 2005 und entsprechend einem neuwertigen Zustand, üblichem Ausbaustandard, an einer guten Wohnlage innerhalb der jeweiligen Ortschaft gelegen (vgl. Abb. 6.12).

---

[102] Die Marktwerte, also die Exponenten der Vorhersagewerte werden logarithmuskorrigiert (vgl. Kapitel 7.4.3).

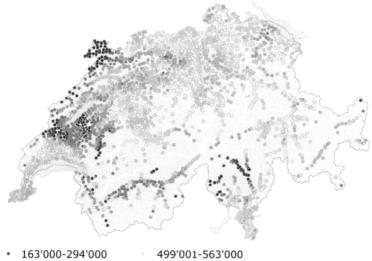

• 163'000-294'000	499'001-563'000
• 294'001-352'000	563'001-649'000
• 352'001-402'000	649'001-796'000
• 402'001-447'000	796'001-1'026'000
447'001-499'000	Kantonsgrenzen

Abbildung 6.12: Wertlandschaft typischer EWG
Quelle: Eigene Berechnungen; Kartengrundlage Swisstopo; Marktwerte 4. Quartal
2004 in CHF.

Gemäss dem Modell werden für diese Wohnung in gewissen Ortschaften der Regionen Genf und Zürich sowie in einigen Tourismusorten Toppreise von bis zu 1 Mio. CHF bezahlt, also bis zu 9'500 CHF
pro m² NWF. In den meisten Ortschaften der grossen Agglomerationen
sowie den Tourismusgebieten liegen die Marktwerte zwischen 500'000
und 800'000 CHF, also bei m²-Preisen von 4'500 bis 7'300 CHF. Am
unteren Ende der Preisskala fungieren neben Samnaun die Ajoie, weite
Teile des (Neuenburger) Jura, die ländlichen Gebiete der Waadt und des
Freiburgerlandes sowie die abgelegenen (Tessiner) Bergtäler. In solchen
Regionen muss für die gleiche Wohnung nur rund 15% des Preises
bezahlt werden, wie an den Topstandorten.
An diesem unteren Ende der Preisverteilung – die m²-Marktwerte liegen
bei rund 1'500 bis 2'700 CHF – können die Erstellungskosten für EWG

kaum mehr gedeckt werden.[103] Insbesondere dann nicht, wenn noch ein positiver Landwert realisiert werden soll. Aufgrund der fehlenden Marktfähigkeit werden in solchen Regionen auch keine bzw. nur sehr wenige EWG erstellt und es liegen auch nur sehr wenige Transaktionen vor.

Die Modellierungen ermöglichen es weiter, Benchmarks für typische Wohnungen in Abhängigkeit von Grösse, Baujahr, Mikrolage und Ausbaustandard für jede Ortschaft der Schweiz bereitzustellen (vgl. Tab. 6.6).

Spezifikation	Versoix (GE)	Bolligen (BE)	Zumikon (ZH)
110 m² NWF, Standard 3, Mikrolage 2	4'740	4'150	6'500
110 m² NWF, Standard 3, Mikrolage 3	4'910	4'300	6'740
110 m² NWF, Standard 3, Mikrolage 4	5'530	4'850	7'580
110 m² NWF, Standard 3, Mikrolage 5	6'080	5'340	8'350
150 m² NWF, Standard 5, Mikrolage 5	8'320	7'310	11'410

Tabelle 6.6: Benchmarks für Marktwerte EWG
Quelle: Eigene Berechnungen; Stand 4. Quartal 2004, Marktwerte in CHF pro m² NWF für drei Beispielortschaften, Neubau, ohne Berücksichtigung von Garagen- und Aussenparkplätzen.

6.7.2 Wertlandschaft EFH, 4. Quartal 2004

Bei den EFH wird als mittleres Objekt eine Liegenschaft mit 500 m² Grundstücksfläche sowie einem Gebäudevolumen nach SIA 416 (2003) von 750 m³ angenommen. Die Beispielliegenschaft ist ebenfalls neuwertig mit durchschnittlichem Ausbaustandard und an einer vorteilhaften Lage innerhalb der Ortschaft gelegen (vgl. Abb. 6.13).

---

[103] Als Erstellungskosten pro m² NWF, ohne Berücksichtigung eines Landwertes, müssen 2'000 bis 2'500 CHF angenommen werden. Geringere Erstellungskosten sind in Ausnahmefällen durchaus möglich, insbesondere im Rahmen von grösseren Siedlungen. Grosssiedlungen sind aber in peripheren Regionen kaum marktfähig.

- 338'000-455'000
- 455'001-546'000
- 546'001-625'000
- 625'001-699'000
- 699'001-780'000

- 780'001-889'000
- 889'001-1'055'000
- 1'055'001-1'322'000
- 1'322'001-1'978'000
- Kantonsgrenzen

Abbildung 6.13: Wertlandschaft typischer EFH
Quelle: Eigene Berechnungen; Kartengrundlage Swisstopo; Marktwerte 4. Quartal
2004 in CHF.

Die Preiskarte EFH ist – was bereits aus der grossen Korrelation der
Makrolagen abgeleitet werden kann – fast deckungsgleich mit derjenigen
für die EWG und es gibt sehr wenige Regionen, die eine deutlich
unterschiedliche Attraktivität aufweisen (vgl. Abb. 6.12 und Abb. 6.13).
Allenfalls im (Ober)wallis gibt es Anzeichen dafür, dass die EWG
vergleichsweise attraktiver sind als EFH, da dort wohl primär der Touris-
mus die Marktwerte treibt und als Zweitwohnungen EWG möglicherweise attraktiver sind als EFH. Ausnahmen bilden auch hier wiederum
attraktive Tourismusdestinationen wie Verbier und Zermatt.

6.8 Out of sample Analysen

Aufgrund der laufenden Erfassung von Daten durch die Datenlieferanten sind im Laufe des Jahres 2005 weitere Beobachtungen hinzugekommen, die für out of sample Analysen verwendet werden können.
Insbesondere im 1. Quartal 2005 sind 1'005 Datensätze von EWG sowie
1'054 neue Datensätze für EFH hinzugekommen.[104] Rund die Hälfte
dieser zusätzlichen Daten betrifft Transaktionen aus dem Jahr 2004, die
andere Hälfte solche aus dem 1. Quartal 2005. Letztere werden für die
Vorhersage von Marktwerten als Transaktionen des 4. Quartals 2004
interpretiert.

Auch diese zusätzlichen Beobachtungen können kontaminiert sein.
Deshalb werden die Residuen der Vorhersage hinzugezogen um Ausreisser zu identifizieren und die Residuen zu beurteilen. Nach dem
Entfernen extremer Beobachtungen sowie der Elimination von Transaktionen mit offensichtlich falschen Preisinformationen resultiert bei den
EWG auf Portefeuilleebene eine Unterschätzung von 0.18% der Transaktionspreise, bei den EFH eine Überschätzung von 0.21%. Insgesamt
kann aus den Analysen geschlossen werden, dass die Modelle als
erwartungstreu betrachtet werden können. Die Analyse der Residuen
zeigt keine nennenswerten Strukturen, insbesondere auch nicht
bezüglich der Regionen.

Im Winter 2005 / 2006 sind seitens einer Bank weitere 143 EWG sowie
158 EFH, mehrheitlich aus dem Kanton Waadt zur Verfügung gestellt
worden. Out of sample Schätzungen dieser Liegenschaften zeigen auch
hier ein überzeugendes Bild: Zwar werden beide Portefeuilles mit 2.8%
(EWG) bzw. 3.0% (EFH) leicht überschätzt, was allenfalls auch mit der
notwendigen Transformation gewisser Variablen zusammenhängen
kann. Gleichzeitig ist die Verteilung der Residuen aber nur geringfügig
schlechter als bei den in sample Analysen und auch die – robusten –
Standardfehler sind mit 15.7% (EWG) bzw. 14.2% (EFH) nur
unwesentlich grösser.

---

[104] Diese Analysen basieren auf den Daten von sechs Datenlieferanten; zwei
Kantonalbanken können zu diesem Zeitpunkt keine weiteren Daten zur
Verfügung stellen.

6.9 Beurteilung der Residuen und Quellen der Varianz

Explorative Residuenanalysen zeigen, dass die Datenqualität je nach Quelle unterschiedlich sein kann. Insgesamt ist die Qualität der Daten gut und im Vergleich zu vielen anderen Studien sind die Objekte auch verhältnismässig gut beschrieben. Obwohl die Standardabweichungen der Modelle vergleichsweise gering sind und grossteils unter denjenigen bisheriger Studien liegen, sind diese immer noch gross, denn das Konfidenzintervall für die Vorhersage des Wertes einer Standardliegenschaft liegt im Bereich von 25% (vgl. Kapitel 7.4.3).

Neben Fehleingaben, die zwar aufgrund der robusten Schätzmethoden nur einen geringen Einfluss auf die Kenngrössen haben, dürften die doch recht grobe Erfassung der Qualitätsindikatoren sowie die Approximationen der stetigen Variablen einen gewissen Anteil der Varianz erklären. Zudem sind die Qualitätsindikatoren nur schwierig objektivierbar, so dass unterschiedliche Einschätzungen seitens der Anwender möglich sind.

Daneben fehlen möglicherweise wichtige Objektinformationen (vgl. Kapitel 4.5) sowie Informationen über die lokale Marktsituation. Zudem dürfte das Verhandlungsergebnis auch durch den Grad der Professionalität der beiden Vertragsparteien beeinflusst sein.

Als weitere Quelle der Varianz bleiben Unzulänglichkeiten des Modells.

6.10 Kernaussagen und Würdigung

Da nicht für sämtliche Ortschaften Makrolagen aus den Daten geschätzt werden können, müssen diese über ein Modell vorhergesagt werden. Zudem gilt es, die mittels fixer Effekte geschätzten Makrolagen zu überprüfen.

Eine Modellierung über räumliche Splines anhand der geographischen Koordinaten ergibt bereits recht gute Vorhersagen. Diese vermögen – aufgrund der räumlichen Strukturierung der Schweiz – aus theoretischer Sicht aber nicht zu überzeugen.

Es kann gezeigt werden, dass eine Matrix der Fahrzeiten zwischen sämtlichen Ortschaften der Schweiz über eine klassische, metrische MDS sehr gut in ein Koordinatensystem mit drei Hauptkoordinatenachsen überführt werden kann.[105]

Die Vorhersage der 2'910 Makrolagen pro Nutzung über Fahrzeitenkoordinaten, Gemeindetypologien, Steuerbelastungen sowie kleinräumigen Effekten überzeugt.

Die Marktwerte einer typischen EWG variieren zwischen 165'000 CHF in peripheren Regionen und 1'030'000 CHF an den Topstandorten (Verhältnis 1:6.3).[106] Die Minima und Maxima liegen für EFH bei 340'000 CHF und 1'980'000 CHF (1:5.8).

Out of sample Analysen zeigen, dass die Modelle als erwartungstreu betrachtet werden können.

---

[105] Es werden Fahrzeiten Individualverkehr sowie öffentlicher Verkehr unter Belastung verwendet.

[106] Die erzielbaren Marktwerte in den peripheren Regionen sind auch bei sehr geringen Landwerten kaum kostendeckend. Entsprechend werden an diesen Standorten kaum Wohnungen erstellt und gehandelt.

126

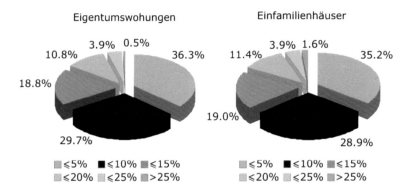

Abbildung 6.14: Verteilung der Residuen beider Nutzungen
Quelle: Eigene Berechnungen; Verteilung der Absolutwerte der Residuen, exklusive
krasse Ausreisser (Vgl. Abb. 6.9 und 6.11, jeweils die linke Grafik).

7. Indexkonstruktion

7.1 Einleitung

Der Kern der vorliegenden Arbeit ist die Analyse der Wertentwicklung von Objekten im Wohneigentum über die Periode 1985 bis Mitte 2005. Diese Entwicklungen können grundsätzlich in CHF gemessen werden. Als Alternative bietet sich die Darstellung als Preisindizes, aus denen direkt prozentuale Veränderungen abgelesen werden können, an (vgl. Abb. 7.1). Über die gesamten Stichproben gemessen erhöhten sich die Preise von EWG seit dem Jahr 1985 (305'000 CHF) bis Mitte 2005 (485'000 CHF) demnach um rund 60%, wobei die Darstellungen in CHF bzw. als Preisindex die identische optische Darstellung erlauben.

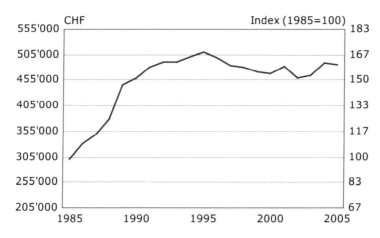

Abbildung 7.1: Preisentwicklung EWG (Stückpreise)
Quelle: Eigene Berechnungen; mittlere Entwicklung der EWG-Preise in der Schweiz, ohne jegliche Qualitätsbereinigung, gerundete Zahlen.

Dieser einfache Preisindex widerspiegelt, falls die verwendeten Daten repräsentativ sind, die mittlere Entwicklung der Ausgaben der Schweizer Bevölkerung in das Segment EWG. Für bestimmte Fragestellungen kann dieser Index durchaus sinnvolle Aussagen enthalten, doch enthält der Index neben dem eigentlichen Wertzuwachs (Teuerung) auch Veränderungen bezüglich der Qualitäten der gehandelten Objekte, insbesondere der Grösse und des Standorts. Aus diesem Index abzuleiten, dass die mittleren Werte von EWG in dieser Periode die dargestellte Wertentwicklung aufweisen, ist deshalb nicht zulässig.

Wie Abbildung 4.4 (Kapitel 4.6) zeigt, blieb beispielsweise die mittlere NWF der erfassten EWG über die Periode 1980 bis heute nicht konstant, so dass obige Preisentwicklung alleine schon aufgrund der veränderten mittleren Objektgrössen die Wertentwicklung überzeichnet.[107]

Verwendet man anstelle der mittleren Objektpreise die mittleren m²-Preise der erfassten EWG, ist der Indexverlauf insbesondere in den 1990er Jahren ein anderer. Zudem ist die gesamte Preisentwicklung mit 31% (60% bei Verwendung der Stückpreise) geringer.

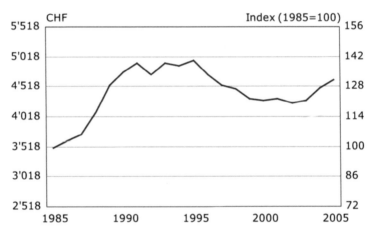

Abbildung 7.2: Preisentwicklung EWG (m²-Preise)
Quelle: Eigene Berechnungen; mittlere Entwicklung der EWG-Preise pro m² in der Schweiz, ohne weitere Qualitätsbereinigung, gerundete Zahlen.

Aus diesem einfachen Beispiel ist bereits ersichtlich, dass die Konstruktion von Preisindizes hohe Anforderungen stellt, da neben der Bereinigung der Objektgrösse auch Veränderungen bezüglich der anderen Objekteigenschaften – insbesondere des Standorts – von

---

[107] Bis Mitte der 1980er Jahre liegt die mittlere Objektgrösse bei 95 bis 100 m², um anschliessend tendenziell anzusteigen. Heute beträgt die NWF einer mittleren EWG rund 110 m² (vgl. auch Abb. 4.4).

entscheidender Bedeutung für den Indexverlauf sind. Zudem hängt die geeignete Indexkonstruktion von der jeweiligen Fragestellung ab. Zur Konstruktion qualitätsbereinigter Indizes stehen unterschiedliche Methoden zur Verfügung, deren Eignung es zunächst zu untersuchen gilt (Kapitel 7.2). Ist die zu verwendende Methode einmal definiert kann diese auf die Daten angewendet werden (Kapitel 7.3). Schliesslich gilt es, die statistischen Ergebnisse und besondere Aspekte der Anwendung zu untersuchen (Kapitel 7.4 und 7.5).

7.2 Direkte versus indirekte Indexkonstruktion

Es ist offensichtlich, dass bei der empirischen Berechnung der Wertentwicklung von Immobilien möglichen Veränderungen der Objekteigenschaften sowie der Marktsituation im Zeitverlauf Beachtung geschenkt werden muss. Dabei stehen folgende Fragen im Vordergrund: Sind die mittleren Objekteigenschaften im Zeitverlauf konstant und falls nein, wie müssen diese Veränderungen bei der Indexkonstruktion berücksichtigt werden?

Sind die hedonischen Preise (die Koeffizienten) für die einzelnen Objekteigenschaften im Zeitverlauf konstant oder ändern diese je nach Marktsituation bzw. aufgrund veränderter Präferenzen? Welchen Einfluss haben ändernde hedonische Preise auf die Wahl der Indexkonstruktion?

Weist das gesamte Untersuchungsgebiet – in der vorliegenden Arbeit die Schweiz – eine identische Wertentwicklung auf, oder können regionale Unterschiede festgestellt werden?

Wie bereits aufgezeigt wurde, sind die Objekteigenschaften sowohl in der Gesamtstichprobe als auch im gesamten Transaktionsmarkt keineswegs konstant, insbesondere auch bezüglich der räumlichen Verteilung. Die Entwicklung der hedonischen Preise und deren Einfluss auf den Indexverlauf bedarf näherer Untersuchung, doch ist die Annahme konstanter hedonischer Preise über diesen langen Zeitraum, insbesondere auch im Lichte unterschiedlicher Konjunkturphasen, aus theoretischer Sicht nicht realistisch und sollte deshalb nicht a priori getroffen werden.

Dass regionale Unterschiede bei der Wertentwicklung bestehen, ist bei Marktkennern unbestritten. Es stellt sich allerdings die Frage nach dem

Ausmass dieser Unterschiede sowie nach dem Verlauf der regionalen Indizes.

Zur Untersuchung der obigen Fragen bieten sich die bereits vorgestellten hedonischen Modelle geradezu an, da diese weitgehend ohne Annahmen auskommen und die Berücksichtigung sämtlicher obiger Fragen erlauben. In der Literatur wird dabei zwischen so genannten direkten und indirekten Indizes unterschieden (vgl. z.B. Maurer, Pitzer und Sebastian 2000).

7.2.1 Direkte Indexkonstruktion

Bei der direkten Indexkonstruktion werden die Daten über den Untersuchungszeitraum gepoolt und die Wertentwicklung über Dummy-Variablen für jeden Zeitpunkt – allenfalls regional differenziert – abgebildet und aus den Zeit-Koeffizienten ein Preisindex konstruiert. Die in den Kapiteln 5 und 6 vorgestellten Modelle sind insofern eine direkte Indexkonstruktion über die Periode eines Jahres, als für die Quartale regional differenzierte Zu- und Abschläge geschätzt werden. Dabei werden die Koeffizienten für Eigenschaften wie Grösse, Ausbaustandard oder Alter über die Periode eines Jahres konstant gehalten.

Im log-linearen Fall entsprechen die Exponentialfunktionen der einzelnen Koeffizienten für die Periode dem Indexstand gegenüber der Ausgangsperiode. Beispielsweise resultiert im Modell EWG 29 (vgl. Tab. 6.5) für das 4. Quartal 2004 ein Effekt von 0.019, das heisst ein Indexstand von $\exp(0.019) * 100 = 101.92$, was einer prozentualen Veränderung von 1.92% gegenüber dem 1. Quartal 2004 entspricht.[108]

Der Vorteil direkter Preisindizes liegt zweifellos darin, dass globale Indizes derart relativ einfach berechnet werden können. Werden allerdings regionale Zu- und Abschläge geschätzt, müssen die regionalen Preisindizes geeignet gewichtet aggregiert werden. Dieses Vorgehen funktioniert nur dann, wenn die anderen Koeffizienten über den Betrachtungszeitraum konstant gehalten werden. Andernfalls können die Indizes nicht mehr derart hergeleitet werden, sondern analog wie bei der indirekten Indexkonstruktion.

---

[108] Bei grossen Effekten, wie sie in der langfristigen Betrachtung möglich sind, wird die Differenz zwischen dem gemessenen Effekt und dessen Exponenten immer grösser. Es dürfen also für die Indexkonstruktion keinesfalls die reinen Koeffizienten verwendet werden!

7.2.2 Indirekte Indexkonstruktion

Bei der indirekten Indexkonstruktion wird üblicherweise eine Querschnittsgleichung pro Periode geschätzt. Dies ist die flexibelste Methode, denn dabei werden die Koeffizienten für die Zusammenhänge zwischen Eigenschaften und Preis nur kurzfristig – beispielsweise über ein Jahr hinweg – fixiert.[109] Unter Verwendung der Querschnittsgleichungen lassen sich die Marktwerte beliebig vieler, unterschiedlich spezifizierter Objekte zu jedem Zeitpunkt vorhersagen und jeweils als Preisindex darstellen. Bei genügend guter Datengrundlage ist es denkbar, dass für jedes einzelne Objekt des Schweizer Immobilienbestandes ein objektspezifischer Preisindex konstruiert wird.[110]

7.2.3 Simulation direkter und indirekter Preisindizes

Um die Frage zu untersuchen, ob und unter welchen Bedingungen direkte und indirekte Preisindizes dasselbe abbilden, werden neben theoretischen Überlegungen Indizes simuliert.

Ausgangslage

Untersucht wird das Segment EWG in einer einzelnen Gemeinde, wobei aus Gründen der Einfachheit davon ausgegangen wird, dass sämtliche Mikrolagen identisch sind und dass es sich bei den Liegenschaften um Neubauten handelt. Variabel sind demnach der Ausbaustandard sowie die NWF der Immobilien.[111]

Es resultiert folgendes Modell:

$$\ln(KAUFPR) = \beta_0 + \beta_1 \cdot \ln(NWF) + \beta_2 \cdot STAND4 + \beta_j + \varepsilon, \tag{7.1}$$

---

[109] Als Alternative können die Daten auch über einen längeren Zeitraum gepoolt und die Koeffizienten für die Zusammenhänge zwischen Eigenschaften und Preis für jede Periode einzeln geschätzt werden. Die Indexierung erfolgt dann ebenfalls über die Vorhersagewerte von standardisierten Liegenschaften.

[110] Wie bei den bereits vorgestellten hedonischen Modellen könnten Renovationen und Um- bzw. Erweiterungsbauten berücksichtigt und mit der Wertentwicklung ohne diese Aufwendungen verglichen werden. Entsprechend eigneten sich solche Indizes auch zur Abschätzung der Marktfähigkeit bzw. Rentabilität von baulichen Massnahmen.

[111] Der Ausbaustandard der Objekte sei durchschnittlich (STAND4 = 0) bzw. gehoben (STAND4 = 1).

wobei β_j ein Faktor mit j Stufen für die einzelnen Kaufjahre darstellt.[112] Dieser Faktor kommt nur bei der direkten Indexkonstruktion zum Tragen, da der jeweilige Level des Faktors im Fall der jährlichen Querschnittsgleichungen in der Konstante β_0 enthalten ist.

Die Variabilität der erklärenden Variablen sei in dieser Ausgangsbetrachtung konstant. Weiter wird davon ausgegangen, dass die Stichprobe balanciert ist, das heisst, dass in jeder betrachteten Periode gleich viele Beobachtungen vorliegen, dass die hedonischen Preise im Zeitverlauf konstant sind und dass die Varianz der Fehler ε über den gesamten Zeitraum konstant ist.

Betrachtet werden sechs Perioden, wobei folgende mittlere Preise angenommen werden:

1980	1985	1990	1995	2000	2005
289'300	359'500	580'500	559'200	449'900	601'500

Tabelle 7.1: Angenommene mittlere Transaktionspreise in CHF

Im Ausgangsmodell seien pro Jahr 1'000 Beobachtungen verfügbar, die NWF sei normalverteilt mit Mittelwert 100 m² und Standardabweichung 25 m² und jeweils die Hälfte der jährlichen Beobachtungen weisen einen Ausbaustandard 3 bzw. 4 auf. Die Standardabweichung der Schätzfehler beträgt in jedem Jahr 0.12. In diesem Ausgangsmodell ist es offensichtlich, dass der direkte und der indirekte – der wahre – Preisindex identische Ergebnisse aufweisen. Aufgrund der Konstanz der Koeffizienten spielt es auch keine Rolle, ob ein grosses oder ein kleines Objekt indexiert wird oder ob das Objekt einen durchschnittlichen oder gehobenen Ausbaustandard aufweist. Unter diesen – sehr restriktiven – Annahmen sind die Resultate der beiden Indexkonstruktionen identisch (vgl. Abb. 7.3).

---

[112] Die Faktorstufe für das Startjahr wird unterdrückt, da diese bereits im Achsenabschnitt enthalten ist.

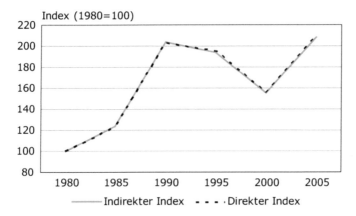

Abbildung 7.3: Indexvergleich im Ausgangsmodell
Quelle: Eigene Berechnungen.

Unterschiedliche Varianzen in den einzelnen Jahren
Im Gegensatz zum Ausgangsmodell wird nun angenommen, dass die
Varianz der Schätzfehler im Zeitverlauf nicht konstant ist. Dies ent-
spricht einer Form von Heteroskedastizität und führt dazu, dass die
Schätzer zwar immer noch erwartungstreu sind, die Teststatistiken und
Varianz-Kovarianzmatrizen aber problematisch werden. Die Verläufe
der beiden Indizes unterscheiden sich in diesem Fall aber weiterhin
nicht.

Unterschiedliche Mittelwerte der X-Variablen in den einzelnen Jahren
Wie im Kapitel 4.4 gezeigt wird, haben sich die Mittelwerte der
erklärenden Variablen im Zeitverlauf teilweise stark verschoben. Aus
diesem Grund wird untersucht, wie sich diese Verschiebungen – bei
konstanten hedonischen Preisen – auf die Indexverläufe auswirken. Es
kann gezeigt werden, dass der direkte Index trotzdem weitestgehend den
unterschiedlichen indirekten Preisindizes entspricht. Isoliert betrachtet
hat die Verschiebung der Mittelwerte in den einzelnen Jahren also
höchstens einen sehr geringen Einfluss auf die Indexverläufe und die
beiden unterschiedlichen Indexkonstruktionen können weiterhin als
identisch betrachtet werden.

Veränderung der hedonischen Preise im Zeitverlauf

Aufgrund veränderter Präferenzen der Nachfrager, aber auch aufgrund einer veränderten Marktsituation wird angenommen, dass die impliziten Preise kurzfristig zwar stabil sind, in der längeren Betrachtung aber ändern. In der Simulation wird angenommen, dass der hedonische Preis für die NWF von 0.9 in den Jahren 1980 und 1985 auf 1.1 (1990) bzw. 1.0 (ab 1995) ansteigt. Der hedonische Preis für einen gehobenen Ausbaustandard erfährt ebenfalls eine Erhöhung, nämlich von 0.12 (bis 1985) auf 0.20 (1990) bzw. 0.25 (ab 1995).

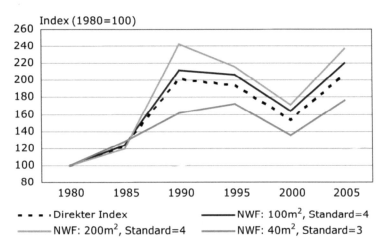

Abbildung 7.4: Indexvergleich bei Veränderung der Koeffizienten
Quelle: Eigene Berechnungen.

Der direkte und der indirekte Preisindex stellen nun nicht mehr dasselbe dar, denn der Indexverlauf ändert sich beim wahren, indirekten Preisindex in Abhängigkeit von der untersuchten Wohnungsgrösse und dem angenommenen Ausbaustandard, während der direkte Preisindex fix ist (vgl. Abb. 7.4).

Will man den Preisindex zur Fortschreibung von Marktwerten verwenden, ist deshalb auf eine indirekte Indexkonstruktion abzustützen. Unter den obigen Annahmen der veränderten hedonischen Preise resultierte bei einer Wohnung mit 40 m² NWF bei der direkten Indexmethode eine

Wertveränderung zwischen 1980 und dem Jahr 2005 von mehr als 100%, während die wahre Entwicklung nur 77% beträgt.

Nimmt man das Jahr 1985 als Ausgangspunkt (Indexstand = 100, vgl. Abb. 7.5, linke Grafik), weisen bei der direkten Indexkonstruktion im Jahr 1990 alle Objekte einen Indexstand von 163 auf, unabhängig von der Spezifikation (Abb. 7.5, rechte Grafik).

Bei der indirekten Indexkonstruktion werden diese Wertveränderungen differenziert nach Eigenschaften – hier die NWF der EWG – unterschiedlich ausgewiesen.

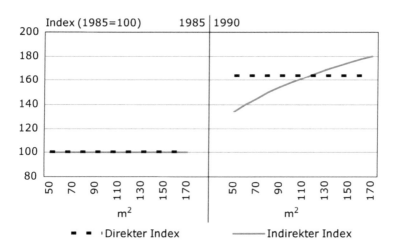

Abbildung 7.5: Effekt auf die Indexänderungen 1985 bis 1990
Quelle: Eigene Berechnungen.

In der vorgestellten Simulation überschätzt der direkte Index also die Wertentwicklung kleiner EWG und unterschätzt diejenige von grossen EWG, während für durchschnittliche Objekte gerade etwa die wahre Wertentwicklung ausgewiesen wird.

Entsprechend eignet sich der direkte Index – falls die impliziten Preise im Zeitverlauf ändern – ausschliesslich zur Darstellung und allenfalls Indexierung der Wertentwicklung eines mittleren Objektes, nicht allerdings zur Analyse der Wertentwicklung unterschiedlich spezifizierter Liegenschaften bzw. von unterschiedlichen Marktsegmenten.

Unbalancierte Stichproben

Angenommen, für die einzelnen Jahre liegen nicht gleich viele Beobachtungen vor, sondern – wie dies in empirischen Studien oft der Fall ist – deutlich unterschiedliche Anzahlen für die einzelnen Jahre.[113] Bei konstanten hedonischen Preisen hat diese Unbalanciertheit der Gesamtstichprobe keinen Einfluss auf die Preisindizes. Falls gleichzeitig die Koeffizienten unterschiedlich sind, führt dies gegenüber der balancierten Situation mit unterschiedlichen Koeffizienten zu Veränderungen, die, je nach Grad der Unbalanciertheit und je nach Ausmass der Veränderung der hedonischen Preise, zu unterschiedlich starken zusätzlichen Verzerrungen bei der direkten Indexkonstruktion führt.

Fazit der Simulationsstudie

Es kann gezeigt werden, dass die direkte und indirekte Indexkonstruktion praktisch identische Ergebnisse liefern, so lange die hedonischen Preise in der dynamischen Betrachtung zumindest annähernd konstant sind. Es spielt c.p. keine wesentliche Rolle, ob die Gesamtstichprobe balanciert ist und ob sich die mittleren jährlichen Objektausprägungen und deren Variabilität im Zeitverlauf ändern. Einen gewissen – allerdings eher geringen – Einfluss hat die Veränderung der Varianz in unterschiedlichen Jahren, was in Zeiten grösserer Unsicherheit bezüglich der Marktentwicklung ein realistisches Szenario ist. Ist dies der Fall, ist die indirekte Indexkonstruktion sowohl aus Gründen der Genauigkeit als auch zur leichteren Identifikation solcher „Problemjahre" der direkten Indexkonstruktion vorzuziehen.

Der grösste und zur Analyse der einzelnen Segmente der Immobilienmärkte entscheidende Vorteil der indirekten Indexmethode kommt dann zum Tragen, wenn die hedonischen Preise im Zeitverlauf ändern. Falls die Stichprobe unbalanciert ist, kann dies die Verzerrung der direkten Indizes noch verstärken.

Nach Möglichkeit ist für eine Analyse der Märkte über einige Jahre hinweg die indirekte Methode mit jährlichen Querschnittsgleichungen der direkten Methode eindeutig vorzuziehen, da die Annahme konstanter hedonischer Preise in der längeren Frist eine starke Restriktion

---

[113] Nämlich für die Jahre 1980 und 1985 jeweils 200 Beobachtungen, für 1990 400, für 1995 600, für das Jahr 2000 3'000 und für das Jahr 2005 8'000 Beobachtungen.

darstellt und dies bei der Indexierung von spezifischen Liegenschaften bei Verwendung direkt berechneter Preisindizes zu starken Verzerrungen führen kann.

7.3 Umsetzung

Zur empirischen Überprüfung, ob die Koeffizienten im Zeitverlauf konstant sind oder nicht, werden jährliche Querschnittsgleichungen über die Periode 1985 bis 2004 geschätzt. Für das Jahr 2005 werden Gleichungen für das erste Halbjahr erstellt. Diese Modelle entsprechen, mit Ausnahme einiger geringfügiger Modifikationen, den vorgestellten Modellen EWG 29 bzw. EFH 15. Diese bisherigen Modelle werden nun als

$$\ln(KAUFPR) = \beta_0 + f(X, \beta) + \varepsilon \qquad (7.2)$$

geschrieben, wobei ln(KAUFPR) den Vektor der logarithmierten Transaktionspreise darstellt, X die Matrix der Objekteigenschaften, β den Vektor der Koeffizienten sowie ε den Vektor der Störterme. In Ergänzung zu den vorgestellten Querschnittsmodellen 2004 (Kapitel 5 und 6) werden die Indikatorvariablen für das Quartal der Transaktion mit insgesamt 40 Regionen gekreuzt, um eine regionale Differenzierung der Indizes zu erreichen.

Da die Objekteigenschaften mehrheitlich nach 1999 erfasst sind, sind für Altbauten mit älteren Transaktionsjahren keine Informationen über den Zustand bzw. die bisher getätigten Renovationen verfügbar. Aus diesem Grund werden sehr alte Liegenschaften aus den Stichproben ausgeschlossen und nur solche Beobachtungen verwendet, die zum Zeitpunkt der Transaktion höchstens 30 Jahre alt sind. Weil EFH und EWG üblicherweise ganz neu, oder dann vor einer Renovation verkauft werden, wird die mögliche Vergrösserung der Varianz aufgrund des Fehlens des Faktors Renovationsstufen auch bei 30-jährigen Liegenschaften als gering erachtet.[114] Zudem hilft der Umstand, dass jeweils ein Grossteil der Stichproben Neubauten umfasst und die Zahl der relativ alten Bauten gering ist.

---

[114] Anhand der Schätzung von Querschnittsgleichungen ohne Berücksichtigung der Renovationsstufen kann gezeigt werden, dass die Varianz der Residuen erst ab einem Gebäudealter von ca. 30 Jahren zunimmt.

7.3.1 Querschnittsgleichungen für die Perioden 1985 bis 2004

Für die Periode 1985 bis 1999 werden zentrierte Stichproben über sechs Quartale zusammengestellt und geschätzt. Zusätzlich zu den geschätzten Makrolageparametern für das Jahr 2004 werden regionale Indikatorvariablen sowie Indikatorvariablen für die jeweiligen Quartale der Transaktion verwendet. Der Modellierung liegen folgende Grundideen und Annahmen zu Grunde:

Die dynamische Entwicklung der Makrolageparameter soll so wenig als möglich modelliert, sondern direkt aus den Daten geschätzt werden.

Es wird davon ausgegangen, dass die Struktur der Makrolagen, das heisst die Attraktivität der Gemeinden, innerhalb der einzelnen Regionen konstant ist. Diese Annahme dürfte zwar nicht in jedem Fall haltbar sein, eine empirische Überprüfung ist für die Jahre 1985 bis 1999 aufgrund der Datenlage aber nicht möglich.

Aufgrund des unterschiedlichen Preisniveaus der Ortschaften sind die Preispfade der einzelnen Orte innerhalb der Region, aufgrund der sich ändernden Koeffizienten, unterschiedlich.

Es resultieren Gleichungen der Form

$$\ln(KAUFPR) = \beta_0 + \beta_i + \beta_j + f(X, \beta) + \varepsilon, \tag{7.3}$$

mit einem Faktor β_i mit i = 40 Indexregionen (vgl. Anhang) und einem Faktor β_j mit j = 5 Stufen für das Quartal der Transaktion. Die Indexregionen werden je nach Datenlage gebildet. So sind zum Beispiel in der Region Zürich, mit einer grossen Zahl von Beobachtungen, sehr kleinräumige Regionen möglich, in anderen – primär ländlichen – Gebieten ist aufgrund der geringen Fallzahlen nur eine relativ grossräumige Regionenbildung möglich. Für die Tessiner und andere Bergtäler sind in vielen Jahren gar keine Beobachtungen verfügbar, so dass Aussagen schwierig sind.

Für die Jahre 2000 bis 2004 wird ein grundsätzlich analoges Vorgehen gewählt. Der Unterschied besteht darin, dass die Indikatorvariablen für die Indexgebiete aufgrund der nun verfügbaren grösseren Fallzahlen quartalsweise geschätzt werden. Dies entspricht einer Schachtelung von β_i in β_j.

Aufgrund der Besonderheiten der Datenerhebung sind die Stichprobengrössen der einzelnen Jahre stark unterschiedlich (vgl. Tab. 7.2). Während für die frühen Jahre nur gerade 600 bis 700 Beobachtungen vorliegen, stehen für die neuesten Querschnittsgleichungen bis zu 12'000 Transaktionen zur Verfügung, wobei in den meisten Jahren – aufgrund des grösseren Neubauanteils – mehr EWG zur Verfügung stehen als EFH.

Jahr	Eigentumswohnungen			Einfamilienhäuser		
	N	Σ Preise (Mio.)	Medianpreis	N	Σ Preise (Mio.)	Medianpreis
1985	589	207.8	320'000	685	428.2	550'000
1986	696	250.9	330'000	778	510.3	590'000
1987	794	304.1	350'000	856	580.9	604'000
1988	875	367.5	390'000	929	683.7	669'000
1989	909	421.7	425'000	949	757.0	720'000
1990	959	478.8	459'600	936	806.8	770'000
1991	1'072	548.5	475'000	952	819.0	775'000
1992	1'805	513.8	484'000	1'327	1'102.1	760'000
1993	2'527	1'324.5	494'456	1'766	1'461.9	741'000
1994	3'284	1'722.4	500'000	2'182	1'782.7	740'000
1995	3'325	1'742.2	500'000	2'228	1'790.9	720'000
1996	3'393	1'737.2	495'000	2'356	1'801.1	700'000
1997	3'227	1'631.1	480'000	2'554	1'902.5	680'000
1998	3'488	1'738.9	484'750	3'082	2'326.0	685'000
1999	4'998	2'496.6	475'000	4'958	3'883.7	710'000
2000	3'806	2'038.1	493'000	3'802	3'197.1	750'000
2001	6'235	3'463.9	500'000	5'683	4'891.7	740'000
2002	7'616	4'166.0	493'750	5'441	4'328.3	700'000
2003	12'284	6'950.1	500'000	8'157	6'388.2	700'000
2004	10'549	6'264.7	522'000	7'353	5'944.1	710'109

Tabelle 7.2: Stichproben nach Nutzung und Jahr
Quelle: Eigene Berechnungen; bereinigter Datenstand per 30. Juni 2005; Transaktionspreise in CHF.

7.4 Statistische Ergebnisse

Die Standardfehler der Schätzgleichungen zeigen, dass das gewählte Vorgehen mit den konstanten Makrolagen innerhalb der Region und regionalen Indikatorvariablen gute Ergebnisse zeitigen dürfte (vgl. Abb. 7.6). Bei den EWG entwickelt sich der robuste Standardfehler von rund 0.19 in den späten 1980er Jahren mit steigender Stichprobengrösse auf rund 0.14 bis 0.12 in den ersten Jahren des neuen Jahrtausends zurück. Bei den EFH ist der Verlauf ähnlich, allerdings sind die Standardfehler Ende der 1980er Jahre mit rund 0.17 etwas geringer als bei den EWG.
Ein grosser Teil der abnehmenden Standardfehler dürfte mit der stark ansteigenden Zahl der Freiheitsgrade zusammenhängen (vgl. z.B. Stahel

2002, S. 114ff.). Gleichwohl ist davon auszugehen, dass das konstant Halten der Makrolagenstruktur innerhalb der Regionen in der längeren Frist in einigen Fällen eine zu starke Annahme darstellt und somit noch einiges Verbesserungspotenzial vorhanden sein dürfte. Das Problem ist allerdings, dass in vielen Regionen hierzu zusätzliche Beobachtungen oder andere Hilfsinformationen mit damit verbundenen Annahmen notwendig wären.

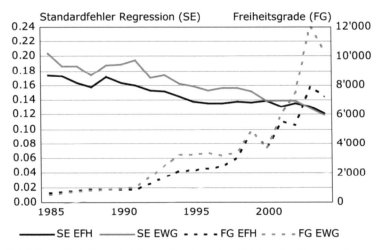

Abbildung 7.6: Entwicklung der Standardfehler der Regressionen
Quelle: Eigene Berechnungen.

Es ist möglich, dass die Resultate in Regionen mit vielen Beobachtungen – in denen kleinere Regionen gebildet werden können – genauer sind, als in Regionen, in denen nur vereinzelte Datenpunkte vorhanden sind und entsprechend grosse Regionen gebildet werden müssen. Dieser Verdacht kann durch die Residuenanalysen allerdings nicht bestätigt werden, denn die Residuen zeigen keine wesentlichen Auffälligkeiten, auch nicht beim Vergleich der einzelnen Regionen bzw. den Residuen der einzelnen Ortschaften.

7.4.1 Analyse der Koeffizienten

Basierend auf diesen Gleichungen, die sowohl für EFH als auch für EWG geschätzt werden, wird überprüft, ob die impliziten Preise in der dynamischen Betrachtung ändern, und damit, ob ein direkter Preisindex hinreichend gute Ergebnisse zeitigt oder ob er gegenüber der indirekten Methode stark verzerrt ist. Abbildung 7.7 zeigt beispielhaft die Entwicklung der Koeffizienten für EWG mit einer NWF zwischen 75 und 100 m² bzw. für EWG mit einer NWF zwischen 101 m² und 150 m². Demnach weisen Wohnungen mit einer überdurchschnittlichen NWF bereits ab 1988 eine deutlich geringere Elastizität auf, als solche mit einer unterdurchschnittlichen NWF. Ab 1991 schwankt der hedonische Preis für kleinere EWG um 1, während dieser für grössere Wohnungen zunächst sehr gering ist und anschliessend wieder auf 0.8 bis 0.9 ansteigt. Gegenwärtig sind die beiden Koeffizienten fast identisch (Abb. 7.7).

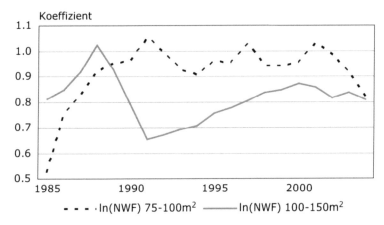

Abbildung 7.7: Entwicklung ausgewählter Koeffizienten NWF
Quelle: Eigene Berechnungen auf der Basis des modifizierten Modells EWG 29.

Ebenfalls deutliche Veränderungen im Zeitverlauf weisen beispielsweise die Koeffizienten für den Ausbaustandard der EWG auf (vgl. Abb. 7.8). Der Exponent der jeweiligen Koeffizienten ist jeweils als Multiplikator

für die Veränderung des Marktwertes aufgrund dieser Ausprägung zu verstehen.[115]
Auch bei diesen Koeffizienten ist es offensichtlich, dass diese in der längeren Frist nicht konstant sind und dass somit ein Festhalten an der direkten Indexkonstruktion kein optimales Modell darstellt. Ausschlaggebend für diese Schätzungen in der Regression ist der Mittelwert, der bei diesen Stichproben aufgrund des massiven Übergewichts der Jahre 2000 bis 2004 in der direkten Betrachtung zu Koeffizienten von rund 0.12 für den Standard 4 bzw. rund 0.25 für den Standard 5 führten. Entsprechend wäre der direkt berechnete Index für solche Liegenschaften stark verzerrt.
Obwohl die Veränderungen der impliziten Preise isoliert betrachtet nicht in jedem Fall gravierende Folgen haben, ist zu bedenken, dass sich die einzelnen Fehler unter Umständen kumulieren und damit zu starken Verzerrungen führen können.

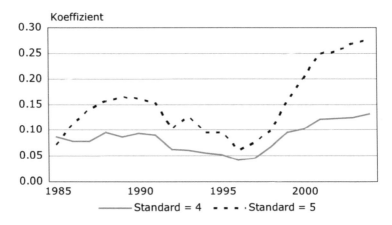

Abbildung 7.8: Entwicklung der Koeffizienten Standard
Quelle: Eigene Berechnungen auf der Basis des modifizierten Modells EWG 29.

---

[115] Kleine Koeffizienten bis rund 0.1 können direkt als approximative prozentuale Veränderungen interpretiert werden, bei grösseren Koeffizienten steigt der Fehler an. Bei einem Zuschlag von 0.3 auf den logarithmierten Marktwert beträgt der effektive prozentuale Zuschlag bereits 35%.

7.4.2 Chow-Tests auf strukturelle Veränderung

Nun stellt sich aber sofort die Frage, ob die Flexibilität der Koeffizienten in der dynamischen Betrachtung wirklich den Erklärungsgehalt der Modelle verbessert, oder ob die Annahme fixer impliziter Preise – also die direkte Indexkonstruktion – keine Modellverschlechterung bedeutet. Falls effektiv eine Modellverbesserung durch die indirekte Index-konstruktion resultiert, stellt sich weiter die Frage, über wie viele Perioden die Daten gepoolt werden dürfen bzw. wie kurz die Perioden zur Berechnung von Querschnittsgleichungen gewählt werden sollten. Dies kann sowohl mit dem Wald-Test als auch mit dem Chow-Test überprüft werden.

Der hier verwendete Chow-Test basiert auf der F-Statistik – der Name ist eine Referenz an Chow (1960) (vgl. z.B. Greene 1997, S. 349ff.). Zunächst werden drei Regressionen geschätzt: Eine Regression für die Periode 1, sowie eine Regression für die Periode 2. Diese beiden Regressionsanalysen sind bereits durchgeführt und deren Fehlerquadratesummen SSR_1 und SSR_2, die Zahl der Beobachtungen N_1 und N_2, sowie die Anzahl Regressoren m – inklusive Achsenabschnitt – sind bekannt. Für den Chow-Test

$$Chow = \frac{(SSR_{12} - SSR_1 - SSR_2)/m}{(SSR_1 + SSR_2)/(N_1 + N_2 - 2 \cdot m)} \sim F[m, N_1 + N_2 - m] \qquad (7.4)$$

wird noch die Fehlerquadratesumme SSR_{12} eines grossen Modells über beide Perioden, also mit konstanten hedonischen Preisen, benötigt. Die so berechnete Teststatistik ist F-verteilt mit m und N_1+N_2-m Freiheitsgraden.

Der kritische Wert für einen zweiseitigen Test auf dem 5%-Niveau liegt sowohl für EWG als auch für EFH bei 1.32 (Bohley 1998, S. 175). In der Analyse für die EWG resultieren meistens Teststatistiken von mindestens 2. Somit wird die jeweilige Nullhypothese – dass einige der Koeffizienten gleich sind – verworfen. Eine Ausnahme bildet hier beispielsweise der Test der Stichprobe 1998 gegen die Stichprobe 1999 mit einer Teststatistik von 0.03. Die Hypothese gleicher Struktur wird hier nicht verworfen. Der Test des Jahres 1997 gegen das Jahr 1999 ist hingegen mit 1.86 signifikant (vgl. Tab. 7.3).

Jahr	1985	1986	1987	1988	1989	1990	1991
1998	2.16	2.18	2.64	3.35	2.93	2.68	2.91
1999	2.44	2.42	2.91	3.59	3.24	3.13	3.39

Jahr	1992	1993	1994	1995	1996	1997	1998
1998	3.22	3.17	3.71	3.30	1.98	0.39	
1999	4.48	4.29	5.51	4.98	3.97	1.86	0.03

Tabelle 7.3: Statistiken paarweiser Chow-Tests für EWG
Quelle: Eigene Berechnungen.

Insgesamt zeigen die Teststatistiken, dass bei der Betrachtung einer kürzeren Periode nicht immer – aber fast immer – signifikante Unterschiede zwischen den jeweiligen jährlichen EWG-Modellen resultieren, bei einer längerfristigen Betrachtung hingegen immer. Die Analysen der EFH-Modelle zeitigen vergleichbare Ergebnisse.

Insgesamt bestätigen die Chow-Tests die Vermutung, dass in einer kurzen Frist die Verzerrungen durch die Verwendung direkter Indizes gering sind. So erscheint gar ein Poolen der Daten über drei bis vier Jahre nicht sehr gravierend zu sein, mit zunehmender Länge des betrachteten Zeitraums werden die Verzerrungen der direkten Index-konstruktion aber immer gravierender.

7.4.3 Logarithmuskorrektur und Vorhersageintervalle

Die vorgestellten Modelle ergeben logarithmierte Schätzwerte für EWG und EFH. Diese Schätzer müssen exponiert werden, um CHF-Beträge für die Marktwerte zu erhalten. Die exponierten Werte entsprechen dem Median und nicht dem Mittelwert des Erwartungswertes und können entsprechend korrigiert werden (vgl. z.B. Greene 1997, S. 71). Mittels der Schätzgleichung wird der logarithmierte Erwartungswert $\hat{\mu}^0$ für eine Liegenschaft mit den Spezifikationen x^0 geschätzt.

Der CHF-Betrag des Marktwertes $\hat{y}^0$ wird mit

$$\hat{y}^0 = e^{\hat{\mu}^0 + \hat{\sigma}^2/2} \tag{7.5}$$

geschätzt, die geschätzte Varianz für den Vorhersagewert $\hat{\mu}^0$ beträgt

$$\hat{\sigma}^{02} = \hat{\sigma}^2 + x^{0'}\left[\hat{\sigma}^2(X'X)^{-1}\right]x^0 \tag{7.6}$$

(vgl. z.B. Greene 1997, S. 369), wobei der Term $\left[\hat{\sigma}^2(X'X)^{-1}\right]$ die Varianz-Kovarianz-Matrix ist. Der zweite Term in Gleichung 7.6 entspricht für das mittlere Objekt der Stichprobe gerade Null, so dass die Varianz für dieses Objekt $\hat{\sigma}^2$ entspricht. Für alle anderen Objekte ist dieser Term grösser als Null und hängt von der Ausprägung des Vektors x^0 ab. Allerdings gilt diese Varianz für das logarithmierte Modell und nicht für den exponierten CHF-Betrag. Die Varianz v^0 in CHF beträgt gemäss Greene (1997, S. 71)

$$v^0 = e^{2\hat{\mu}^0 + \sigma^{0^2}}(e^{\sigma^{0^2}} - 1). \tag{7.7}$$

Für eine mittlere EWG resultiert im Modell EWG29 ein $\hat{\mu}^0$ von 13.057 bzw. $\hat{y}^0 = e^{13.057 + 0.015/2} = 472'000$ CHF mit einer Standardabweichung von $\sqrt{v^0} = \sqrt{e^{2 \cdot 13.057 + 0.015}(e^{0.015} - 1)} = 58'560$ CHF. Das 95% Vorhersageintervall besagt somit, dass der erzielbare Marktwert im Bereich von 357'000 CHF bis 587'000 CHF liegt, bei einem Erwartungswert von 472'000 CHF. Dieser Vorhersagebereich ist sehr gross, obwohl die Standardabweichung der vorgestellten Modelle im Vergleich zur Schweizer und zur internationalen Literatur gering ist. So kann gezeigt werden, dass eine Wohnung, die 20% grösser ist als die Durchschnittswohnung, aus statistischer Sicht nicht signifikant teurer ist als diese, da sich die Vorhersageintervalle überlappen – ein Resultat, das wenig glaubwürdig ist.

Hier liegt ein Problem bei der Interpretation der Ergebnisse hedonischer Modelle – insbesondere im Immobilienbereich – denn aufgrund der grossen Vorhersageintervalle sind viele Unterschiede zwar nicht statistisch signifikant, aber durchaus höchst relevant.

Dies äussert sich auch in der dynamischen Betrachtung, denn statistisch gesichert ist bei den Indexverläufen in einigen der Regionen nichts (vgl. Abb. 7.9). In einigen Regionen ist allenfalls gerade der obere Wendepunkt des Indexverlaufs um das Jahr 1990 signifikant verschieden vom Marktwert 1985 oder demjenigen Ende der 1990er Jahre. Für das mittlere Objekt in Aarau kann gemäss des Vorhersageintervalls nicht mit signifikanter Wahrscheinlichkeit gesagt werden, dass sich die Marktwerte in irgendeiner der betrachteten Perioden von einer der anderen Perioden unterscheiden.

Trotzdem sind die Veränderungen der Marktwerte relevant, denn immerhin steigt der Erwartungswert von 350'000 CHF im Jahr 1985 auf 530'000 CHF im Jahr 1992, um danach bis Ende der 1990er Jahre auf rund 450'000 CHF abzusinken.

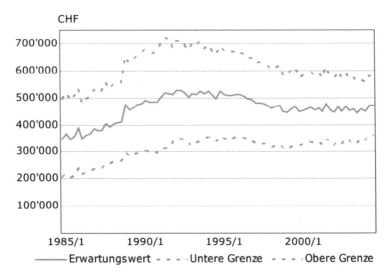

Abbildung 7.9: Roher Indexverlauf und Vorhersageintervall
Quelle: Eigene Berechnungen; Index für eine mittlere EWG in Aarau.

7.5 Spezielle Aspekte der Indexierung

7.5.1 Glättung der Indizes

Es wird davon ausgegangen, dass die Wertveränderungen aufgrund der Breite der Vorhersagebänder zwar nicht immer signifikant, in ihrem generellen Verlauf aber durchaus relevant sind. Allerdings dürften die quartalsweisen Schwankungen teilweise zufällig sein. Deshalb empfiehlt sich wohl eine Glättung der Indizes zur besseren Darstellung. Eine nahe liegende Variante ist die Darstellung als jährliche Mittelwerte (vgl. Abb. 7.10 für obige mittlere EWG in Aarau).

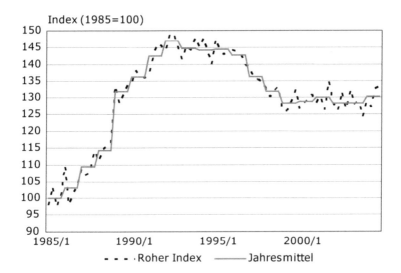

Abbildung 7.10: Indexverlauf als jährliche Mittelwerte
Quelle: Eigene Berechnungen.

Als weitere Alternative könnte die Glättung auch über einen anderen Glätter, beispielsweise einen Spline, mit Loess oder Lowess usw. erfolgen (zu Glättern vgl. z.B. Cleveland 1979 und 1981, Greene 1997, Hastie, Tibshirani und Friedman 2001 oder Gasser 2003).

Als einfache Alternative zu den jährlichen Mittelwerten bietet sich ein uniformer Glätter – beispielsweise gleitend zentriert über 5 Quartale – an (vgl. Abb. 7.11).

Aber auch ein solcher Glätter hat den Nachteil, dass die resultierenden Werte an den Enden provisorisch sind, denn wenn eine Schätzung für ein zusätzliches Quartal vorgenommen wird, ändern sich damit auch die Schätzungen für die zwei vorhergehenden Quartale.

Dies ist im Beispiel in Abb. 7.11 der Fall, denn der vorläufige Indexstand von 130.9 per Ende 4. Quartal 2004 wird bei Verwendung der zusätzlichen Daten für das 1. und 2. Quartal 2005 auf 133.7 erhöht.

149

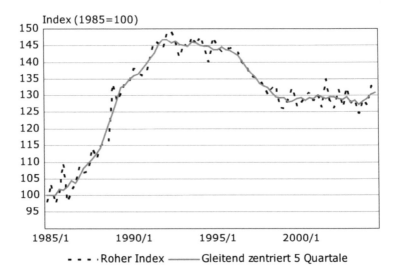

Abbildung 7.11: Indexverlauf über fünf Quartale geglättet
Quelle: Eigene Berechnungen; zentrierte, uniforme Glättung über fünf Quartale.

7.5.2 Indexverlauf unterschiedlich spezifizierter Liegenschaften

Die jährliche Vorhersage für eine – mit Ausnahme der NWF – identische EWG in der Beispielsgemeinde Küsnacht ZH zeigt, dass der Indexverlauf aufgrund der Veränderungen der Koeffizienten doch recht unterschiedlich ausfällt (vgl. Abb. 7.12).

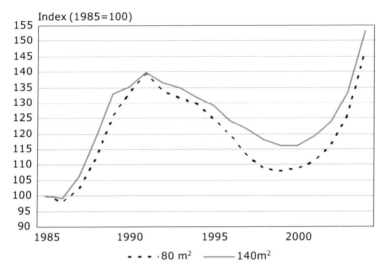

Abbildung 7.12: EWG-Indizes in Abhängigkeit von der NWF
Quelle: Eigene Berechnungen auf der Basis des modifizierten Modells EWG 29 für
eine neuwertige EWG an einer guten Mikrolage und durchschnittlichem
Ausbaustandard in der Gemeinde Küsnacht (ZH).

7.5.3 Effekt der Altersentwertung

Ein weiterer – möglicherweise der entscheidende – Punkt ist bei der
Indexierung von Liegenschaften die Frage nach der Entwicklung des
Zustands. Da keine Information über den Zustand verfügbar ist, müssen
entweder Szenarien geschätzt oder Annahmen über die Entwicklung des
Zustands getroffen werden. Ausgehend von einer EWG mit 120 m²
NWF, Baujahr 1985 wird untersucht, wie sich der Wert dieser Liegenschaft bei laufender, vollständiger Renovation – quasi als ewiger Neubau
– bzw. ohne Renovationen entwickelt hätte (vgl. Abb. 7.13). Bereits nach
5 Jahren beträgt die – marktseitige – Wertverminderung der unreno-
vierten Liegenschaft rund CHF 105'000, das sind -11% gegenüber dem
neuwertigen Zustand. Gegenüber dem Kaufpreis von 1985 resultiert
aber immer noch eine Wertsteigerung von rund 30%, die als effektive
Teuerung für diese EWG in der Gemeinde Küsnacht ZH zu verstehen
ist. Ohne Renovationen kann diese Beispielswohnung heute etwa den
gleichen Marktpreis erzielen wie im Jahr 1991. Dies trotz des grösseren
Alters und entsprechenden Nutzungsspuren. Wird die Liegenschaft im

Jahr 2005 total erneuert, sind Aufwendungen von rund 200'000 CHF marktfähig. Dies entspricht rund 1% pro Altersjahr der Liegenschaft.

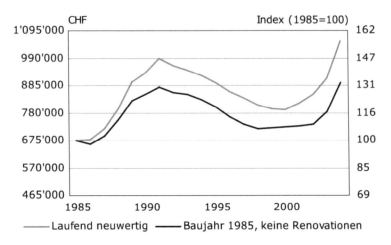

Abbildung 7.13: Effekt der Altersentwertung
Quelle: Eigene Berechnungen auf der Basis des modifizierten Modells EWG 29 für
eine EWG mit 120 m² NWF mit durchschnittlichem Ausbaustandard an
einer guten Mikrolage in Küsnacht (ZH), gerundete Zahlen.

Geschätzt werden verschiedene Preispfade. Um die um das Liegenschaftsalter bereinigte Teuerung für eine EWG – also letztlich die Wertveränderung des unterliegenden Baulands – an einem bestimmten Standort zu schätzen, sollte die untere, rote Kurve aus Abbildung 7.13 verwendet werden. Die obere, grüne Kurve eignet sich dagegen, um den Wert einer Liegenschaft mit Baujahr 1985 zu schätzen, falls diese zu einem späteren Zeitpunkt umfassend renoviert wird. Der dannzumalige Wert kann direkt aus der Grafik abgelesen werden.

Wird die Liegenschaft beispielsweise 1998 total saniert, „springt" diese auf die obere, grüne Kurve und folgt anschliessend einem neuen Preispfad mit Altersentwertung (Abb. 7.14).

Die obere, grüne Kurve eignet sich ebenfalls dann, wenn man die Aussage machen möchte, wie viel mehr ein gleichwertiger Bau heute im Vergleich zu einer Erstellung im Jahr 1985 kosten würde (+58%).

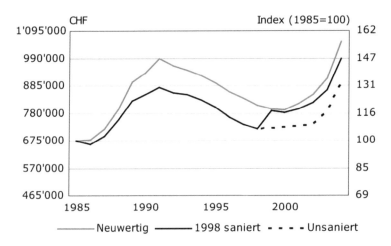

Abbildung 7.14: Effekt der Altersentwertung mit Sanierung 1998

Quelle: Eigene Berechnungen auf der Basis des modifizierten Modells EWG 29 für eine EWG mit 120 m² NWF mit durchschnittlichem Ausbaustandard an einer guten Mikrolage in Küsnacht (ZH), gerundete Zahlen.

7.6 Kernaussagen und Würdigung

Indexkonstruktionen basierend auf reinen Durchschnittsbetrachtungen eignen sich zur Darstellung der Entwicklung der Ausgaben der Bevölkerung in die Immobilienmärkte. Solche Indizes sind aber üblicherweise nicht zur Analyse der Wertentwicklung von Immobilien geeignet, da davon ausgegangen werden muss, dass sich die mittleren Objektausprägungen in den verfügbaren Stichproben im Zeitverlauf ändern. Insbesondere der regionalen Komponente ist grösste Beachtung zu schenken.

Mittels multiplen linearen Regressionen können qualitätsbereinigte Preisindizes berechnet werden. Dabei wird im Wesentlichen zwischen der direkten und der indirekten Methode unterschieden.

Falls die hedonischen Preise sowie die Varianz der Fehler in der dynamischen Betrachtung konstant sind, sind die Resultate der beiden Methoden, auch bei ändernden Mittelwerten und Variabilitäten der Objektausprägungen sowie auch im unbalancierten Fall, annähernd identisch. Ändern hingegen die hedonischen Preise, was in der längeren Frist ein wahrscheinliches Szenario ist, so ist die indirekte der direkten Indexkonstruktion klar vorzuziehen. Für Nicht-Standardobjekte können bei der direkten Indexkonstruktion massive Verzerrungen entstehen. Diese Verzerrungen können im unbalancierten Fall noch verstärkt auftreten.

Es wird gezeigt, dass die hedonischen Preise im Zeitverlauf ändern. Dies ist insbesondere der Fall, wenn die konjunkturellen Rahmenbedingungen ändern, wie beispielsweise um 1990 / 1991. Neben monetären Aspekten können die hedonischen Preise aber auch aufgrund sich ändernder Präferenzen im Zeitverlauf Änderungen erfahren.

Für die empirische Analyse der Wertentwicklung von Nicht-Standardliegenschaften ist deshalb die Verwendung indirekter Indexkonstruktionen unabdingbar.

Obschon die Standardabweichungen der Modelle im Vergleich zu anderen Modellen geringer sind, und obschon die Koeffizienten grossmehrheitlich signifikant verschieden von Null sind, sind grössere Objekte aus statistischer Sicht nicht signifikant teurer als kleinere und auch in der dynamischen Betrachtung sind nur wenige Aussagen möglich. Davon ausgehend, dass ein grosser Teil der Residuen „weisses Rauschen" ist, sind die Unterschiede der Vorhersagen und Indizes zwar oftmals nicht signifikant, aber durchaus relevant.

Entscheidend für die Analyse der Wertentwicklung ist der Umgang mit der Altersentwertung der Liegenschaften. Eine identische Liegenschaft weist, je nachdem, ob sie immer als neuwertig betrachtet wird oder nicht, massive Unterschiede bei der Wertentwicklung auf.

8. Regionale Dynamik 1985 bis 2. Quartal 2005

8.1 Einleitung

Aufgrund der Datenlage ist die Konstruktion von Preisindizes für die Periode 1985 bis heute möglich. Dabei können Indizes für eine grosse Bandbreite von unterschiedlich spezifizierten Liegenschaften in der Mehrzahl der Schweizer Ortschaften geschätzt werden. Anhand der Zahl der in der jeweiligen Region vorhandenen Beobachtungen kann dabei auch indikativ beurteilt werden, wie grosses Vertrauen einem Index einer einzelnen Region entgegen gebracht werden kann. In Randregionen, wo nur wenige Beobachtungen vorliegen, sind die Schätzungen immer mit einem Fragezeichen zu versehen, in den grossen Agglomerationen, wo eine grosse Zahl von Beobachtungen vorliegt, sind die Modellierungen breit abgestützt und dürften eine gute Näherung an die wahren Verläufe ergeben.

Aufgrund der grossen Vielfalt möglicher Indizes werden die Darstellungen auf einige wenige Indizes begrenzt um die unterschiedlichen Möglichkeiten und Verläufe aufzuzeigen (Kapitel 8.2).

Dass die Immobilienpreise in der Schweiz in der zweiten Hälfte der 1980er Jahre stark angestiegen sind und dass ab ca. 1990 ein teilweise massiver Preiszerfall eingesetzt hat, darüber bestehen wenig Zweifel (vgl. auch Kapitel 3). Bis gegen Ende der 1990er Jahre fristeten die Immobilienmärkte eher ein Schattendasein und erst gegen Ende des letzten Jahrzehnts dürfte in vielen Regionen der untere Wendepunkt erreicht worden sein. In Abb. 8.1 ist die generelle Wertentwicklung grob skizziert:

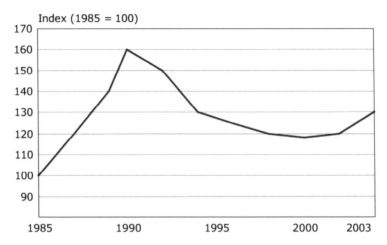

Abbildung 8.1: Schematischer Verlauf 1985 bis 2005

Von analytischem Interesse sind daher weniger aggregierte Indexverläufe, sondern viel mehr die Darstellung der regionalen Unterschiede der Wertentwicklungen und zwar einerseits hinsichtlich der gesamten Wertveränderung 1985 bis 2005 (Kapitel 8.3), andererseits aber auch hinsichtlich möglicher Unterschiede der oberen und unteren Wendepunkte (Kapitel 8.4). Zudem wird die aktuelle Marktbefindlichkeit dargestellt, wobei es im Lichte einer in letzter Zeit immer wieder in der Tagespresse thematisierten Überhitzungsdiskussion die gegenwärtige „Markttemperatur" zu messen gilt (Kapitel 8.5).

Da für einige Schweizer Regionen bereits Studien zum Thema vorliegen, gilt es die vorgestellten Indizes mit den Ergebnissen der anderen Studien zu vergleichen (Kapitel 8.6).

8.2 Regionale, objektspezifische Indexverläufe

Obwohl gewisse Rahmenbedingungen wie beispielsweise Zinsen oder die generelle Konjunkturlage landesweit die gleichen sind, ist doch davon auszugehen, dass die Immobilienwerte aufgrund der Standortgebundenheit regional unterschiedliche Verläufe aufweisen. Abb. 8.2 zeigt die Wertverläufe ansonsten identischer Einfamilienhäuser in Versoix am Genfersee, in Aarau sowie in Küsnacht an der Zürcher „Goldküste".

Während der Zerfall der Marktwerte in Versoix bereits 1991 einsetzt und nach einer starken Korrektur bereits 1993 Boden findet, weisen die Märkte Küsnacht und Aarau bis 1992 bzw. 1993 weiterhin steigende Preise auf. Insbesondere in Küsnacht dauert der Anpassungsprozess bis gegen Ende der 1990er Jahre und erst ab dem Jahr 2000 sind hier wieder – stark – steigende Preise festzustellen.

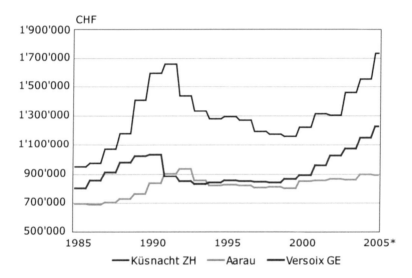

Abbildung 8.2: Wertentwicklung typischer EFH
Quelle: Eigene Berechnungen; freistehendes, neues EFH, 450 m² Grundstücksfläche, 800 m³ SIA 416, durchschnittlicher Ausbaustandard, gute Lage
innerhalb der Ortschaft; * Stand: 2. Quartal 2005.

Im Unterschied zu direkt konstruierten Preisindizes mit fixen Koeffizienten für die Objekteigenschaften über die gesamte Periode vermögen
indirekt konstruierte Preisindizes die Wertentwicklung unterschiedlich
spezifizierter Liegenschaften abzubilden (vgl. Abb. 8.3). So wird gezeigt,
dass ein Reihenhaus zwar vom groben Verlauf her einen ähnlichen
Verlauf aufweist wie ein Luxusobjekt, die Segmente aber doch
unterschiedlich sind. Während die Indexverläufe eines mittleren freistehenden EFH sowie eines Reihenhauses in Zürich sich im wesentlichen nur durch ihr Niveau unterscheiden, die Entwicklung über die

Zeit aber sehr ähnlich ist, weist ein Luxusobjekt mit anderen Objektausprägungen der Grösse, des Ausbaustandards sowie der Mikrolage
doch einen anderen Indexverlauf auf.

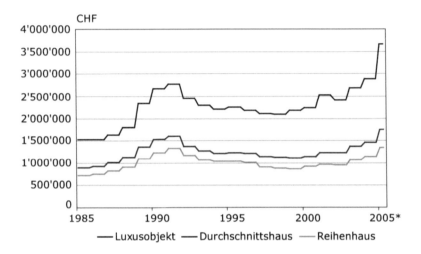

Abbildung 8.3: Wertentwicklung unterschiedlicher EFH
Quelle: Eigene Berechnungen; neuwertige EFH in Küsnacht ZH; * Stand: 2. Quartal 2005.

Zwar weisen alle drei Objekttypen in der zweiten Hälfte der 1980er Jahre
massive Wertsteigerungen von 80 Prozent innerhalb von fünf Jahren auf,
der prozentuale Wertzerfall der 1990er Jahre ist aber doch recht
unterschiedlich. Im Luxussegment sind die Preise ab Mitte der 1990er
Jahre annähernd konstant, während diese im durchschnittlichen Segment
noch einmal deutlich nachgeben. Auch setzt die Erholung der Preise im
Luxussegment früher ein als im Durchschnittssegment.
Seit 1999 weist der Markt Küsnacht teilweise wieder massive Wertsteigerungen auf, so dass die Marktwerte jeweils neuwertiger Liegenschaften seit 1985 insgesamt etwa eine Verdoppelung erfahren haben
(vgl. Abb. 8.4).
Die Marktwerte 2005 basieren auf den ersten zwei Quartalen des Jahres
und sind entsprechend als provisorisch zu betrachten. Erfahrungsgemäss
liegen die Marktwerte in den ersten beiden Quartalen tendenziell höher
als in der zweiten Jahreshälfte, wobei unklar ist, ob ungünstige Objekt-

eigenschaften zu diesen tieferen Marktwerten führen („Ladenhüter") oder ob die Nachfrager im Hinblick auf den kommenden Sommer die Objekteigenschaften etwas positiver bewerten, als sie dies im Herbst tun würden („Frühlingseuphorie"). Aufgrund des Auktionscharakters von Immobilientransaktionen in Regionen wie Küsnacht dürften die – im Sommer 2005 immer noch sehr tiefen Fremdfinanzierungskosten zusammen mit der Erwartung steigender Zinsen sowie dem Anziehen der Konjunktur und den erstarkenden Börsen – allenfalls zusätzlich preistreibend wirken, da möglicherweise künftige Rahmenbedingungen und Preise antizipiert werden.

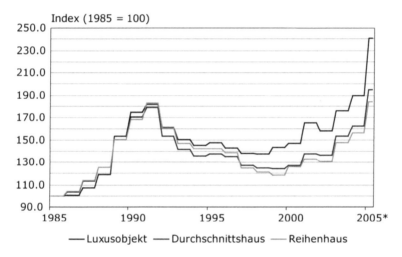

Abbildung 8.4: Wertindizes unterschiedlicher EFH
Quelle: Eigene Berechnungen; neuwertige EFH in Küsnacht ZH; * Stand: 2. Quartal 2005.

In der Region Aarau präsentieren sich die Indexverläufe zwar nicht grundsätzlich anders, doch ist die Wertentwicklung in der betrachteten Periode insgesamt moderater. Während die Marktwerte in Küsnacht bereits im Jahr 1991 ihren Höhepunkt erreichen und anschliessend sinken, steigen diese in Aarau zunächst noch weiter an (Abb. 8.5). Innerhalb von nur zwei Jahren erfahren diese in Aarau aber eine deutliche Korrektur und verändern sich danach im durchschnittlichen Segment von 1994 bis 1999 nur wenig, während sich das gehobene Segment bereits ab 1998 wieder erholt. Obwohl auch durchschnittliche Liegenschaften in Aarau seit dem Jahr 2000 einen gewissen Wertzuwachs verzeichnen, ist dieser insgesamt moderat und die Marktwerte liegen heute noch unter denjenigen von 1992. Dies im Gegensatz zum Luxussegment, wo die Werte seit dem Jahr 2001 höher liegen als 1992.

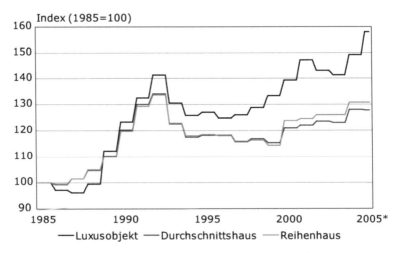

Abbildung 8.5: Wertindizes unterschiedlicher EFH in Aarau
Quelle: Eigene Berechnungen; * Stand: 2. Quartal 2005.

8.3 Obere und untere Wendepunkte der Indizes

Aufgrund der Konstruktion der Indizes werden diese zunächst auf Stufe von Einzelobjekten gebildet und können anschliessend geeignet aggregiert werden. Dadurch geht aber Information verloren, denn je nach Grad der Aggregation und je nach den spezifischen Indexverläufen werden die Indizes geglättet. Für die Analyse der Märkte ist hingegen eine tiefe Aggregationsstufe wünschenswert, da damit regionale Effekte besser identifiziert und beurteilt werden können. Daraus entsteht die Situation, dass eine so grosse Fülle von Information zur Verfügung steht, dass geeignete Darstellungs- und Interpretationsformen gefunden werden müssen.

Da die Indizes in ihrem generellen Verlauf in weiten Teilen der Schweiz ähnlich sind, werden zunächst die oberen und unteren Wendepunkte der Indexverläufe sämtlicher Ortschaften dargestellt und verglichen.[116]

8.3.1 Eigentumswohnungen

Basierend auf den Abbildungen 8.6, 8.7 sowie 8.14 können bereits schematische Indizes für typische EWG in den Ortschaften der Schweiz gezeichnet werden.

Wie Abb. 8.6 zeigt, wird gegen Ende der Hochkonjunkturphase der zweiten Hälfte der 1980er Jahre am Genfersee sowie im Tessin bereits im Jahr 1989 ein Maximum erreicht und bereits im Jahr 1990 liegen die Marktwerte tiefer. In den anderen Regionen steigen die EWG-Preise noch weiter an, wobei in der Agglomeration Bern sowie im östlichen Teil der Agglomeration Zürich im Jahr 1990 der Preiszerfall einsetzt. Im Jahr 1991 erreichen die Agglomerationen Neuchâtel, Biel, Thun und Interlaken, die Agglomeration Basel sowie die Regionen Pfannenstiel und Limmattal der Agglomeration Zürich ein Maximum, das den Beginn einer Stagnation der Preise bzw. einen Rückgang einläutet. Während am linken Ufer des Zürichsees sowie in der Zentralschweiz bis 1993 weiterhin steigende Preise beobachtet werden, setzt der Preiszerfall in weiten Teilen des Mittellandes im Laufe des Jahres 1992 ein, wobei in einigen ländlichen Regionen teilweise aufgrund der Datenlage, teilweise aufgrund der Indexverläufe kein klares Bild über den oberen Wendepunkt entsteht.

---

[116] Identifiziert werden die lokalen Maxima in der Periode 1989 bis 1993 sowie die lokalen Minima der Periode 1996 bis 2005.

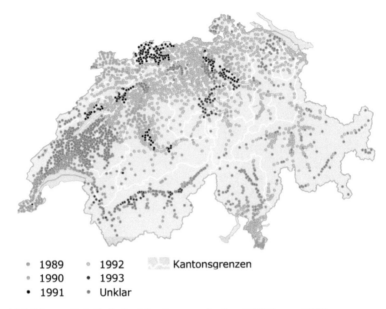

- 1989   • 1992   Kantonsgrenzen
- 1990   • 1993
- 1991   • Unklar

Abbildung 8.6: Lokale Maxima typischer EWG um 1990
Quelle: Eigene Berechnungen, Kartengrundlage Swisstopo.

In der Folge der konjunkturellen Probleme zu Beginn der 1990er Jahre erfolgt in fast allen Regionen der Schweiz eine Stagnation bzw. ein Zerfall der Marktwerte, der in einigen Regionen substanziell ist (vgl. Kapitel 8.2 sowie Abb. 8.8). Obschon der stärkste Preiszerfall mehrheitlich bereits innerhalb weniger Jahre zu Beginn der 1990er Jahre erfolgt und ab Mitte der 1990er Jahre immer wieder eine Erholung der Preise erwartet und teilweise auch beobachtet wird, verharren die Marktwerte für Wohneigentum während langer Jahre auf tiefem Niveau und bröckeln immer wieder ab.

Im Tessin sowie in der Agglomeration Lausanne dürften die Preise für EWG ab 1996 ihren unteren Wendepunkt erreicht haben (vgl. Abb. 8.7). Seither sind in diesen Regionen insgesamt keine sinkenden Preise zu beobachten. Im Jahr 1999 haben die Werte in den Regionen Genève, Bulle, Fribourg sowie in weiten Teilen der Ostschweiz ein Minimum erreicht und verharren seither auf tiefem Niveau – wie beispielsweise in der Ostschweiz (vgl. Abb. 8.14) – oder sind seither wieder angestiegen.

Das Gros des ländlichen Mittellandes sowie des Tessins dürfte seit dem Jahr 2000 zumindest stabile Preise verzeichnen, während die Talsohle in einigen Regionen des Aargaus, des Kantons Solothurn sowie im Jura erst in den jüngsten Jahren erreicht wird.

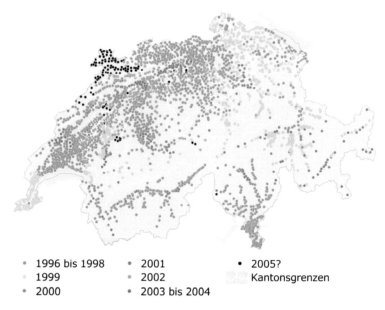

• 1996 bis 1998	• 2001	• 2005?
1999	• 2002	Kantonsgrenzen
• 2000	• 2003 bis 2004	

Abbildung 8.7: Lokale Minima typischer EWG um 2000
Quelle: Eigene Berechnungen, Kartengrundlage Swisstopo.

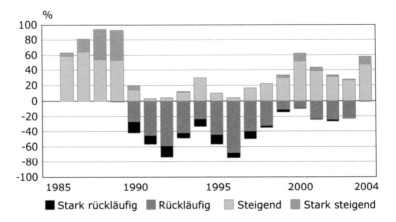

Abbildung 8.8: Expertenbefragung zur Preisentwicklung EWG
Quelle: HEV Schweiz (verschiedene Jahre); Anteile der Antworten auf die Frage:
„Wie entwickelten sich die Preise auf dem Immobilienmarkt in den
vergangenen 12 Monaten?". Die Differenz zu 100% ergibt den Anteil
derjenigen, die neutrale Preisentwicklungen beobachtet haben. N ≈ 80 -
100. Die Einschätzungen betreffend Preisentwicklung von EFH sind
ähnlich.

8.3.2 Einfamilienhäuser

Bei den EFH präsentiert sich die Situation nicht wesentlich anders als bei
den EWG. Auch in diesem Segment setzt der Preiszerfall im Bassin
Lémanique teilweise bereits im Jahr 1989 ein, mehrheitlich aber in den
Jahren 1990 und 1991 (Abb. 8.9). Ausserhalb der Agglomerationen
halten die Preise in der Ostschweiz, in Teilen der Zentralschweiz sowie
in einigen Agglomerationen des Mittellandes länger und der Zerfall setzt
erst im Jahr 1992 ein.

Während im Jura die Situation aufgrund mangelnder Daten unklar ist, ist
im Tessin davon auszugehen, dass während dieser Periode kein klares
Maximum erreicht wird, sondern dass die Preise auf hohem Niveau
stabil sind bzw. nur leicht sinken.

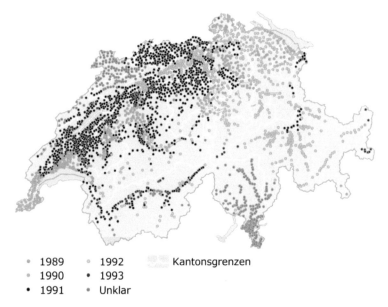

- 1989   ○ 1992   Kantonsgrenzen
- 1990   ● 1993
- 1991   ● Unklar

Abbildung 8.9: Lokale Maxima typischer EFH um 1990
Quelle: Eigene Berechnungen, Kartengrundlage Swisstopo.

Der Preiszerfall, der primär nördlich der Alpen beobachtet werden kann, ist, wie schon bei den EWG, teilweise substanziell und dauert bis in die zweite Hälfte der 1990er Jahre. Ab 1996 haben die Preise in weiten Teilen der Westschweiz sowie im Mittelland bis in die Region Zürich Boden gefunden, während am Jurasüdfuss sowie in eher gewerblich-industriell geprägten Regionen der Nordwest- und der Ostschweiz ein weiterer, wenn auch verlangsamter Zerfall der Preise beobachtet werden kann (Abb. 8.10). Bis ins Jahr 2004 scheinen die meisten Regionen Boden gefunden zu haben, obwohl in einigen Gebieten auch in der ersten Hälfte des Jahres 2005 keineswegs von einer Erholung der Preise gesprochen werden kann.

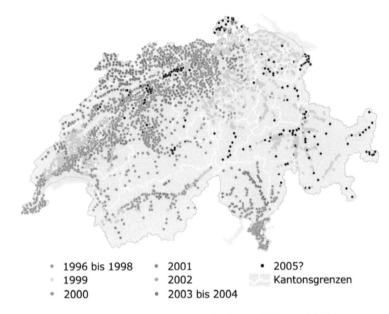

• 1996 bis 1998	• 2001	• 2005?
• 1999	• 2002	Kantonsgrenzen
• 2000	• 2003 bis 2004	

Abbildung 8.10: Lokale Minima typischer EFII um 2000
Quelle: Eigene Berechnungen, Kartengrundlage Swisstopo.

8.4 Zur Performance von Wohneigentum 1985 bis 2005

Über den betrachteten Zeitraum von knapp 20 Jahren weisen die Eigentumswohnungen keine überwältigende Wertentwicklung auf und in den ländlichen Gebieten der Kantone Waadt und Fribourg, im Jura, in weiten Teilen des Wallis sowie in den Tessiner Bergtälern sind identische EWG heute in etwa gleich teuer oder gar günstiger als anno 1985 (vgl. Abb. 8.11).

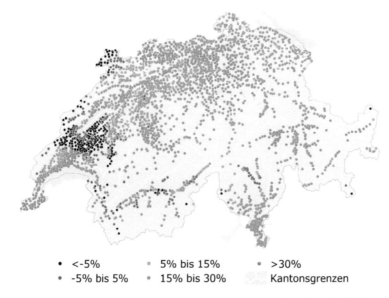

- <-5%   • 5% bis 15%   • >30%
- -5% bis 5%   • 15% bis 30%   Kantonsgrenzen

Abbildung 8.11: Wertentwicklung typischer EWG 1985 bis 2005
Quelle: Eigene Berechnungen, Kartengrundlage Swisstopo; Stand 2. Quartal 2005.

In diesen Gebieten ist die indirekte Performance – will man denn Wohneigentum als Kapitalanlage betrachten – praktisch gleich Null oder gar negativ. Gemäss Zinseszinsformel (vgl. z.B. Bohley 2000, S. 82) berechnet sich der Marktwert 2005 (MW2005) als

$$MW2005 = MW1985 \cdot (1+i)^n, \tag{8.1}$$

wobei der MW1985 der Marktwert 1985 ist, i der Zins sowie n die Anzahl der Perioden, im vorliegenden Fall 20. Die Verzinsung i der Einlage 1985 beläuft sich damit auf

$$i = \sqrt[20]{MW2005 / MW1985} - 1. \tag{8.2}$$

Die Beispielswohnung in Küsnacht ZH (vgl. Kapitel 7.5.3) – die nota bene in einer Region mit überdurchschnittlicher Performance liegt – weist eine indirekte Performance von jährlich nur gerade 2.4 Prozent auf.[117]

Berücksichtigt man zudem noch den Umstand, dass Immobilien im Gegensatz zu anderen Kapitalanlagen einer Altersentwertung unter-

---

[117] Marktwert 1985: 661'000 CHF, Marktwert 2. Quartal 2005: 1'057'000 CHF.

liegen, ist die ausgewiesene totale Wertveränderung über diesen Zeitraum um rund 20 Prozent nach unten zu korrigieren, die indirekte Performance ist also noch einmal um rund einen Prozentpunkt geringer und beläuft sich noch auf 1.51 Prozent p.a. (vgl. auch Fahrländer 2001b).[118] Diese Berechnung stimmt allerdings nur bei einem Eigenkapital von 100 Prozent, die indirekte Performance steigt mit dem Grad der Fremdfinanzierung (Leverageeffekt). Da es sich bei einer Hypothekarschuld um eine Nominalschuld handelt, ist die Wertentwicklung der Liegenschaft voll zu Gunsten bzw. zu Lasten des Eigenkapitals. Bei einer Fremdfinanzierung von 50 Prozent, also bei 330'000 CHF Eigenkapital im Jahr 1985, beläuft sich der Wert des Eigenkapitals im Jahr 2005 auf 561'000 CHF (892'000 CHF abzüglich 331'000 CHF Hypothekarschuld). Damit erhöht sich die Verzinsung des Eigenkapitals auf 2.69 Prozent p.a..[119]

Zu dieser indirekten Rendite kommt eine direkte Komponente hinzu, denn durch den Erwerb des Wohneigentums ergeben sich für den Anleger Einkommens- und Fiskaleffekte. Seitens des Einkommens entsteht der angenehme Aspekt, dass keine Mietzinsen mehr bezahlt werden müssen, das frei verfügbare Einkommen c.p. also höher liegt als vor dem Erwerb der Liegenschaft. Dieser positive Einkommenseffekt wird durch Finanzierungs-, Betriebs- und Unterhaltskosten wiederum reduziert. Je nach Fremdfinanzierungsgrad und Zinssituation kann der Nettoeinkommenseffekt positiv, neutral oder negativ sein (vgl. dazu Fahrländer 2001b).

Aus fiskalischer Sicht steigt durch den Erwerb des Wohneigentums das steuerbare Einkommen um den Eigenmietwert.[120] Gleichzeitig können die Kosten für die Fremdfinanzierung sowie für den Unterhalt geltend gemacht werden. Die Nettowirkung der fiskalischen Effekte ist, wie

---

[118] Der Marktwert per 2. Quartal 2005 ohne Renovationen beläuft sich auf 892'000 CHF.

[119] Könnte der Eigentümer die Liegenschaft selbst finanzieren, so werden durch die Hypothekaraufnahme Mittel frei, die er alternativ anlegen kann.

[120] Die Festlegung des Eigenmietwerts ist kantonal geregelt, liegt aber in der Regel unter der effektiv erzielbaren Marktmiete. Gemäss Urteil des Bundesgerichts muss er aber mindestens 60 Prozent der Marktmiete betragen (vgl. BGE 124 I 145 1998). Eine kantonale Regelung, die das Maximum des Eigenmietwerts bei 70 Prozent der Marktmiete festlegt ist hingegen explizit zulässig (BGE 128 I 240 2002).

schon der Einkommenseffekt, von den jeweiligen Parametern abhängig und kann positiv, neutral oder negativ sein. Obwohl Einkommens- und Fiskaleffekt üblicherweise unterschiedliche Vorzeichen haben, ist die direkte Rendite in der Regel positiv (vgl. Fahrländer 2001b, S. 51). Sowohl die direkte als auch die indirekte Rendite hängt neben den Eigenschaften der Liegenschaft, insbesondere des Standorts, stark vom Fremdfinanzierungsgrad (FK) ab und dürfte sich für obige Liegenschaft auf insgesamt 5 Prozent bis 7 Prozent pro Jahr belaufen (Tab. 8.1).

	Indirekt (Wertentwicklung)	Direkt (Einkommen und Besteuerung)	Total
0% FK	1.5%	4.4%	5.2%
50% FK	2.7%	4.0%	5.6%
80% FK	5.4%	2.7%	6.7%

Tabelle 8.1: Jährliche Renditen nach Fremdfinanzierungsgrad[121]
Quelle: Fahrländer (2001b), S. 50.

Wie Abb. 8.11 (EWG) und 8.12 (EFH) zeigen, gehört Küsnacht ZH zu denjenigen Ortschaften der Schweiz, die in der betrachteten Periode den insgesamt stärksten Wertzuwachs verzeichnet haben. Die ausgewiesenen Renditen dürften demnach eine Obergrenze darstellen, denn in weiten Teilen der Schweiz ist die Wertentwicklung im betrachteten Zeitraum deutlich geringer und unter Berücksichtigung der Altersentwertung in vielen Regionen nahe bei Null oder gar negativ.

---

[121] Berechnet für ein typisches Einfamilienhaus in Zumikon ZH, einer Nachbargemeinde von Küsnacht ZH. Deshalb dürften die Renditeberechnungen für Küsnacht ein sehr ähnliches Resultat zeigen.

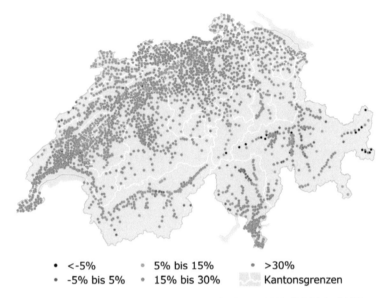

- • <-5%
- • -5% bis 5%

- • 5% bis 15%
- • 15% bis 30%

- • >30%
-   Kantonsgrenzen

Abbildung 8.12: Wertentwicklung typischer EFH 1985 bis 2005
Quelle: Eigene Berechnungen, Kartengrundlage Swisstopo; Stand 2. Quartal 2005.

Aus einer rein monetären Überlegungen heraus dürfte Wohneigentum an den meisten Orten über die betrachtete Periode hinweg kein lukratives Investment darstellen, denn bei ebenfalls geringem Risiko sind wohl Obligationen der Schweizerischen Eidgenossenschaft üblicherweise besser verzinst als Wohneigentum. In einigen Regionen kann aber Wohneigentum im Sinne einer Portefeuilleoptimierung als Substitut für Obligationen dienen und die Performance eines Portefeuilles bei gleich bleibendem Risiko erhöhen, wobei je nach Risikobereitschaft ein grösserer oder ein kleinerer Fremdkapitalanteil anzustreben ist (vgl. Fahrländer 2001b, S. 52).

Die grosse Attraktivität von Wohneigentum dürfte aber weniger mit monetären Überlegungen zu begründen sein als mit anderen Eigenschaften von Wohneigentum, wie der Verwirklichung von Träumen, Gefühlen des „zu Hause sein" etc. Solche zusätzlichen Nutzen weisen andere Anlageklassen üblicherweise nicht auf.

8.5 Gegenwärtige „Markttemperatur"

Obschon praktisch alle Regionen der Schweiz in der zweiten Hälfte der 1980er Jahre einen starken Wertzuwachs verzeichnen, wird dieser mancherorts durch den Wertzerfall der 1990er Jahre zunichte gemacht. Seit einigen Jahren können aber in vielen Regionen wieder – teilweise stark – positive Wertentwicklungen beobachtet werden, so dass in einigen Regionen in jüngster Zeit wieder die Frage nach einer Überhitzung der Märkte diskutiert wird (vgl. z.B. Neff und Rauh 2005 sowie NZZ 2005b). Es liegt deshalb nahe, einerseits die heutigen Marktwerte mit denjenigen des Maximums um 1990 zu vergleichen, andererseits die Wertentwicklung der jüngsten Jahre aufzuzeigen um damit erste Anhaltspunkte zur „Temperatur" der Märkte zu erhalten.

In der Tat dürften die Preise für typische Einfamilienhäuser in den Jahren 2001 bis 2004 insbesondere am Genfersee sowie im Dreieck Zürich – Zug – Luzern, in den touristischen Zentren sowie in der Region Locarno teilweise deutlich angestiegen sein. In weiten Teilen der Schweiz sind diese aber stabil geblieben und in den eher peripheren und ländlichen Regionen sogar gesunken. Bei den EWG ist die Situation nicht grundlegend anders. Es sind wiederum die Regionen Genfersee, die Region Zürich – Zug – Luzern sowie die Tourismusregionen, die eine starke Wertentwicklung aufweisen. Dazu kommt die Region Lugano, die ebenfalls hervorsticht. Insgesamt ist aber bei den EWG – im Gegensatz zu den EFH – in weiten Teilen der Schweiz ein gewisser Anstieg der Preise festzustellen.

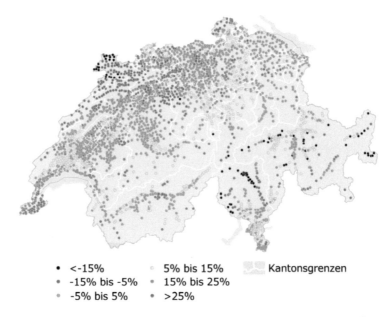

- • <-15%
- • -15% bis -5%
- ○ -5% bis 5%

- ○ 5% bis 15%
- • 15% bis 25%
- • >25%

Kantonsgrenzen

Abbildung 8.13: Wertentwicklung typischer EFH 2001 bis 2004
Quelle: Eigene Berechnungen, Kartengrundlage Swisstopo.

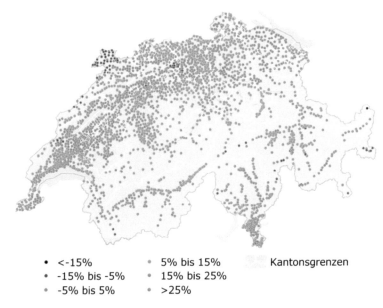

- • <-15%
- • -15% bis -5%
- • -5% bis 5%

- • 5% bis 15%
- • 15% bis 25%
- • >25%

Kantonsgrenzen

Abbildung 8.14: Wertentwicklung typischer EWG 2001 bis 2004
Quelle: Eigene Berechnungen, Kartengrundlage Swisstopo.

Diese beobachteten, steigenden Marktwerte sind vor dem Hintergrund der historisch tiefen Fremdfinanzierungskosten (vgl. SNB 2006, S. 54) sowie der sich erholenden Konjunkturlage zu sehen, wobei die regional unterschiedliche Knappheit des Bodens eine zentrale Rolle spielt. Aus diesen Gründen erstaunt es nicht, dass die Preise in den Ballungsräumen sowie in den Tourismusregionen steigen, denn in diesen Regionen ist der Boden knapp und Immobilientransaktionen an guten Lagen weisen vermehrt Auktionscharakter auf. In den eher ländlichen Regionen sind aber immer noch grosse Baulandreserven vorhanden (vgl. ARE 2005b), und die einzelnen Standorte sind – insbesondere beim Bau von EFH – eher austauschbar.

Vergleicht man deshalb die Preise, die um 1990 bezahlt wurden mit denjenigen per Ende 2004, so ist die Lage auf den relevanten Märkten nach wie vor eher entspannt, denn nur in wenigen Regionen liegen die nominalen Preise heute höher als um 1990.

Insbesondere in den äusseren Agglomerationsgürteln sowie in weiten Teilen der Nordwestschweiz sowie im Espace Mittelland liegen die Preise heute noch unter denjenigen der letzten Immobilienpreisblase.

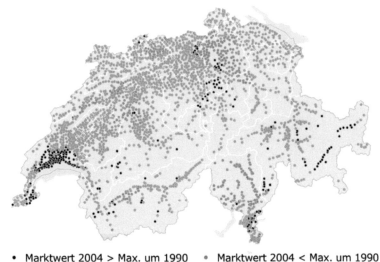

- ● Marktwert 2004 > Max. um 1990   ● Marktwert 2004 < Max. um 1990
- ● Marktwert 2004 ≈ Max. um 1990   Kantonsgrenzen

Abbildung 8.15: EWG-Marktwerte um 1990 und Ende 2004
Quelle: Eigene Berechnungen, Kartengrundlage Swisstopo.

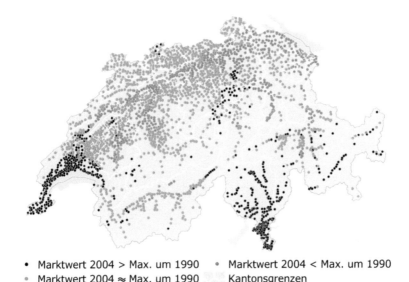

- Marktwert 2004 > Max. um 1990
- Marktwert 2004 ≈ Max. um 1990
- Marktwert 2004 < Max. um 1990
- Kantonsgrenzen

Abbildung 8.16: EFH-Marktwerte um 1990 und Ende 2004
Quelle: Eigene Berechnungen, Kartengrundlage Swisstopo.

8.6 Vergleich mit den Ergebnissen anderer Studien

8.6.1 Vergleiche für den Kanton Genf

Bender, Gacem und Hoesli (1994) berechnen hedonische Indizes für den
Kanton Genf und zwar nach der direkten und nach der indirekten
Methode für die Periode 1978 bis 1992. Gemäss dieser Studie –
basierend auf Wohnimmobilien – erfolgt der obere Wendepunkt ebenfalls im Jahr 1989 (vgl. Abb. 8.6), wobei dieser Index – wie der Index der
vorliegenden Studie – auf einer indirekten Berechnung basiert.
Bei Verwendung der direkten Methode erfolgt der Wendepunkt im Jahr
1990. In einer späteren Studie zum Kanton Genf (Hoesli, Favarger und
Giaccotto 1997) finden die Autoren sowohl für MFH als auch für EWG
und unbebautes EFH-Bauland obere Wendepunkte im Jahr 1991.
Obwohl EFH-Bauland und EFH per se nicht dasselbe Gut betreffen
und Vergleiche deshalb schwierig sein können, ist dennoch festzuhalten,
dass zwischen den Indizes von Hoesli, Favarger und Giaccotto und den

177

hier vorgestellten Indizes bezüglich des oberen Wendepunkts eine Diskrepanz besteht. Gemäss den Auswertungen der Expertenbefragung des HEV müsste landesweit der Einbruch allerdings im Jahr 1990 begonnen und im Laufe des Jahres 1991 die gesamte Schweiz erfasst haben (vgl. Abb. 8.8).

8.6.2 Vergleiche für den Kanton Zürich

Die zweiten regional differenzierten verfügbaren Datenreihen für Wohneigentum betreffen den Kanton Zürich und werden von der ZKB berechnet.

In der ersten Auflage der Indizes (Bignasca et al. 1990) steigen sowohl die EFH- als auch die EWG-Preise im Kanton Zürich bis ins Jahr 1990 an und pendeln anschliessend während einiger Jahre um dieses hohe Niveau (EWG) bzw. bilden sich bis 1994 um rund 8 Prozent zurück (EFH).

Diese Wendepunkte werden durch die Neuauflage (Salvi, Schellenbauer und Schmidt 2004, S. 62f.) bestätigt, wobei der Verlauf des EFH-Index während der 1980er Jahre in der neueren Publikation deutlich flacher ist, die EWG-Wertsteigerung hingegen etwas stärker.

Diese oberen Wendepunkte können durch die vorliegenden Indizes weitgehend bestätigt werden, wobei in der differenzierten Betrachtung (vgl. Abb. 8.6 und Abb. 8.9) die Wendepunkte je nach kleinräumiger Betrachtung in die Periode 1990 bis 1993 (EWG) bzw. 1990 bis 1992 (EFH) fallen. Die Autoren der neueren Studie der ZKB berechnen ebenfalls Indizes auf kleinräumiger Stufe (Salvi, Schellenbauer und Schmidt 2004, S. 86). Gemäss dem, auf der entsprechenden Seite abgebildeten Index erfolgt der obere Wendepunkt bei den EFH erst im Jahr 1991 mit regionalen Wendepunkten 1990 (Stadt Zürich) sowie 1991 (Pfannenstiel, Winterthur und Weinland, Glattal). Die anderen Regionen des Kantons Zürich werden nicht dargestellt.

In der Studie von 2004 werden Indexreihen bis in das Jahr 2004 dargestellt, so dass auch die unteren Wendepunkte sowie die Erholung der Immobilienpreise verglichen werden kann. Gemäss der Studie erfolgt der untere Wendepunkt bei den EWG im Jahr 1999, bei den EFH im Jahr 1998 (Ebd., S. 62f.). Diese Erkenntnisse decken sich im Wesentlichen mit den in Abb. 8.7 (EWG) bzw. Abb. 8.10 (EFH) dargestellten Minima, wobei letztere eine regionale Differenzierung erlauben.

Auch die Wertentwicklung der jüngsten Jahre ist ähnlich, obschon die Autoren der ZKB weniger regional differenzieren als dies in der vorliegenden Studie gemacht wird (vgl. Abb. 8.13 und 8.14).

8.7 Kernaussagen

Es wird gezeigt, dass die Wertentwicklung von Immobilien im Wohneigentum sowohl hinsichtlich der Region als auch hinsichtlich anderer Objekteigenschaften massiv unterschiedlich verlaufen kann. Dabei sind die Wertschwankungen in den beiden Grossagglomerationen Genfersee und Zürich generell deutlich stärker als in weniger urbanen Regionen.

Über den Zeitraum von 20 Jahren hinweg eignet sich Wohneigentum nur begrenzt als Kapitalanlage. Nur wenige Regionen weisen eine Gesamtperformance auf, die bei etwa gleichem Risiko, je nach Fremdfinanzierungsgrad, grösser sein kann als diejenige von Obligationen. Entsprechend eignet sich Wohneigentum nur in wenigen Regionen als Instrument zur Portefeuilleoptimierung. In weiten Teilen der Schweiz, insbesondere in den ländlichen Regionen, hat die indirekte (Wert)Performance über die 20 Jahre hinweg – unter Berücksichtigung der Altersentwertung – nahe bei Null gelegen oder ist gar negativ. Auch unter Berücksichtigung von Einkommens- und steuerlichen Effekten ist die Performance in vielen Regionen äusserst gering.

Wohneigentum eignet sich deshalb im Allgemeinen nicht zur Kapitalanlage. Andere Motivationen stehen für die Nachfrager im Zentrum.

Obschon in den vergangenen Jahren teilweise deutliche Wertsteigerungen von EWG und EFH beobachtet werden können, sind die Märkte auch in solchen Regionen wohl nicht überhitzt. Zwar könnte es in den kommenden Jahren zu gewissen Korrekturen der Preise kommen. Die die grossen Wertsteigerungen finden aber ausnahmslos in äusserst attraktiven Regionen mit knappen Landreserven statt. Falls nicht die gesamte Region von starken makroökonomischen Erschütterungen erfasst wird, dürften die Preise in diesen Regionen längerfristig nicht fallen.

Etwas anders ist die Beurteilung für weniger zentrale Lagen. Hier bewegen sich die Preise, trotz starker Nachfrage, seitwärts, denn die Standorte sind oftmals austauschbar und geeignetes Bauland ist vorhanden. In diesen Regionen stellt sich für Eigentümer und Finanzierende Institute die Frage, ob und wie der Markt dereinst „Occasions"-Immobilien, insbesondere kleinere EFH und Reihen-EFH absorbieren wird. Hier muss künftig von starken Preisnachlässen ausgegangen werden.

Die generellen Verläufe, wie sie auch von anderen Studien skizziert werden, können weitgehend bestätigt werden, doch ist mit den vorliegenden Indizes eine weitere Differenzierung möglich.

9. Schlussbetrachtungen

Basierend auf den identischen Rohdaten kann je nach Spezifikation eine unterschiedliche Güte hedonischer Modelle resultieren. Da in Regressionsanalysen für Durchschnittsliegenschaften immer geringe Residuen resultieren und da die Summe der Schätzfehler im linearen Regressionsmodell gleich Null ist, ist der Fokus der Analysen primär auf solche Liegenschaften zu richten, die bezüglich ihrer Eigenschaften nicht durchschnittlich sind. Dabei können an den Rändern der empirischen Verteilungen – auch bei der verbesserten Modellwahl – Probleme entstehen, da wichtige Informationen zur Beurteilung der Residuen nicht verfügbar sind. Trotzdem kann gezeigt werden, dass auch dann, wenn nur relativ wenige Objektinformationen verfügbar sind, sehr gute Schätzgleichungen resultieren können und dass gegenüber einfachen Modellen Verbesserungen für Nicht-Standardobjekte möglich sind.

Weitere Verbesserungen der Modelle sind insbesondere dann möglich, wenn einerseits über Geokoordinaten weitere Informationen – wie Aussicht, Exposition, Besonnung, Lärmdaten etc. – verfügbar gemacht werden können und wenn weitere, objektspezifische Informationen flächendeckend erfasst werden.[122]

Wird eine Immobilie regelmässig verkauft (repeat sales), kann aus den Transaktionspreisen ein Preisindex konstruiert werden, wobei der Altersentwertung der Immobilie Beachtung geschenkt werden muss. Da – insbesondere in der Schweiz – die Haltedauern von Immobilien üblicherweise sehr lang sind, ist dieses Vorgehen nur schwierig möglich. Hingegen kann eine spezifische Immobilie periodisch – z.B. jährlich – bewertet und der Vorhersagewert indexiert werden (indirekte Indexkonstruktion). In diesem Fall kann die Altersentwertung kontrolliert werden und Indizes können sowohl für immer neuwertige Objekte als auch für Objekte mit Altersentwertung berechnet werden. Zudem kann der Effekt von Sanierungen abgebildet werden.

Zur Indexkonstruktion stehen im Wesentlichen die direkte sowie die indirekte Methode zur Verfügung. Es wird gezeigt – und dies ist auch

---

[122] Die ZKB, der bankintern die geographischen Koordinaten der Transaktionen zur Verfügung stehen, hat bereits entsprechende Variablen berechnet und wohl auch in ihre Modelle integriert (vgl. Salvi, Schellenbauer und Schmidt 2004, S. 26ff.).

Konsens in der Literatur – dass die indirekte Methode der direkten Methode überlegen ist, denn das konstant Halten der hedonischen Preise bei der direkten Indexmethode ist eine starke Restriktion, die in einer mittel- bis längerfristigen Betrachtung verworfen werden muss. Trotzdem sind in der Literatur direkt berechnete Indizes sehr weit verbreitet, wobei oftmals die mangelnde Verfügbarkeit regional differenzierter Daten als Grund genannt wird. Zur Indexierung von durchschnittlichen Liegenschaften sind diese Indizes gegenüber den indirekt berechneten Indizes als gleichwertig zu betrachten. Hingegen sind direkte Indizes zur Indexierung von Nicht-Standardliegenschaften üblicherweise nicht geeignet, sondern können stark verzerrt sein.

Die Rohdaten für die vorliegende Arbeit umfassen knapp 130'000 Transaktionen von EWG und EFH, wobei aus unterschiedlichen Gründen letztlich 45'480 EWG-Transaktionen sowie 44'347 EFH-Transaktionen aus den Jahren 1985 bis 2005 für die Indexkonstruktion verwendet werden können.[123]

Da die Daten von acht unterschiedlichen Quellen (Retailbanking, Private Banking, Versicherungen) stammen, wird davon ausgegangen, dass diese die relevanten Märkte repräsentativ abdecken.

Die regionale Verteilung zeigt, dass Beobachtungen in grosser Zahl aus sämtlichen Regionen der Schweiz vorliegen, allerdings primär für die Jahre 2000 bis 2005. Vor allem für die ersten Jahre der Untersuchung sowie generell für einige periphere Regionen ist die Datenlage dünn und für gewisse ländliche Regionen können einzelne Faktorstufen nicht geschätzt, sondern müssen interpoliert werden.

Die resultierenden – indirekt berechneten – Indizes ermöglichen es, insbesondere in den Agglomerationen, kleinräumige Analysen der Wertverläufe unterschiedlicher Immobilien vorzunehmen.

Die Analysen zeigen, dass die Performance von Immobilien über den betrachteten Zeitraum von 20 Jahren im Allgemeinen nahe bei Null oder sogar negativ ist. Allerdings weisen stark nachgefragte Regionen mit knappen Baulandreserven eine Performance auf, die bei ähnlichem Risiko höher ist als diejenige von Obligationen. Diese kann, je nach Risikobereitschaft, über den Fremdfinanzierungsgrad gesteuert werden.

---

[123] Da keine Information zum Zustand der Immobilien zum Transaktionszeitpunkt vorliegt, müssen sehr alte Liegenschaften aus der Stichprobe ausgeschlossen werden. Dies ist der mit Abstand wichtigste Grund bei der Elimination von Beobachtungen.

Entsprechend könnten Immobilien in solchen Regionen im Rahmen einer Anlagestrategie durchaus als Kapitalanlage dienen und sollten bei der Wahl der Portefeuillestruktur entsprechend berücksichtigt werden.

In der vorliegenden Studie wird bewusst versucht, möglichst stark auf die Transaktionsdaten abzustützen und entsprechend möglichst wenige andere kommunale Daten in die Modelle einfliessen zu lassen. Die einzigen „fremden" Daten, die allerdings nur in einer sehr kleinräumigen Betrachtung wirken, sind die kommunalen Steuerbelastungen. Werden die berechneten Indizes als Grundlagen für weitere Forschungen, wie regionale Preisprognosen und Perspektivmodelle, verwendet, muss diesem Punkt Beachtung geschenkt werden.

Bei einer breiteren Verfügbarkeit von Transaktionsdaten könnten die Indizes weiter verbessert werden und komplette Makrolagenlandschaften könnten jährlich für die einzelnen Ortschaften der Schweiz geschätzt werden, um die Analysen weiter zu vertiefen.

Gemäss den getätigten Analysen sind die vorgestellten Indizes akkurat. Insbesondere in den Agglomerationen und anderen Regionen mit einer grossen Bevölkerungsdichte kann eine hinreichend grosse Zahl von Transaktionen beobachtet werden. Entsprechend sind die Indizes in solchen Regionen gut abgestützt.

Im Rahmen der Umsetzung der neuen Eigenmittelvorschriften „Basel II" könnten neben den Modellen auch die Indizes kostengünstig für die Fortschreibung von Marktwerten verwendet werden (vgl. z.B. Zuberbühler 2005, Basler Ausschuss für Bankenaufsicht 2003 sowie Fahrländer 2003).

Da Bewertungen im Rahmen von hedonischen Modellen für einen Zeitpunkt und basierend auf der jüngsten Vergangenheit erfolgen, können die vorgestellten Modelle und Indizes zudem eine wichtige Grundlage zur Entwicklung von Instrumenten im Risikomanagement von Hypothekargebern sein.

Die weitere Forschung sollte sich primär auf künftige Entwicklungen konzentrieren, denn die heutigen Marktwerte sind kein Garant dafür, dass in Zukunft ein annähernd gleich grosser Verkaufspreis realisiert werden kann. Insbesondere in der gegenwärtigen Situation – es werden Festhypotheken mit Laufzeiten von bis zu 15 Jahren vergeben – können schon allein aufgrund der Altersentwertung Probleme entstehen. Wenn gleichzeitig von höheren Zinsen und allenfalls einer – regional – schwächeren Nachfrage ausgegangen werden muss, werden die Risiken

noch einmal grösser. In Regionen mit grossen Baulandreserven könnte
es für Nachfrager zudem dereinst interessanter sein, ein neues Haus nach
den eigenen Vorstellungen am Siedlungsrand bauen zu lassen, anstatt ein
durchschnittlich grosses, abgenutztes, allenfalls demodiertes Objekt
innerhalb eines bestehenden Quartiers zu erwerben. Letzteres ist – wenn
überhaupt – nur dann marktfähig, wenn der Kaufpreis entsprechend
gering ist.[124]
Aber nicht nur potenzielle Kaufinteressenten für Wohneigentum sollten
sich Gedanken über die künftige Wiederverkäuflichkeit machen, sondern
auch diejenigen Gemeinden, in denen dereinst grosse Leerstandsprob-
leme auftreten könnten.
Ein weiteres, aufgrund der zunehmenden Verbreitung von Wohneigentum in breiteren Bevölkerungskreisen, ansteigendes Risiko tragen
die finanzierenden Institute. Müssen die Hypothekargeber in nachfrage-
schwachen Regionen aufgrund ausstehender Hypothekarzinszahlungen
ein Grundpfand realisieren, können – auch in Abhängigkeit der Objekteigenschaften – mittelfristig grössere Probleme entstehen.
Zumindest die Hypothekargeber haben diese Problematiken aber
mittlerweile erkannt und Analysen sowie Instrumente zur systematischen
Berücksichtigung solcher Risiken werden thematisiert. Die Grundlagen
zur Bereitstellung solcher Instrumente stehen heute zur Verfügung.

---

[124] Es existieren heute Liegenschaften, die nicht oder nur äusserst schwer
verkäuflich sind, auch wenn der Preis auf Null bzw. praktisch auf Null gesetzt
wird (vgl. Fahrländer 2005).

Bibliographie

ARE (2004)
Baubegriffe werden harmonisiert, Pressemitteilung, Bern,
http://www.are.admin.ch.

ARE (2005a)
Aufhebung der Lex Koller und bessere Lenkung des
Zweitwohnungsbaus über die Raumplanung, Pressemitteilung, Bern,
http://www.are.admin.ch.

ARE (2005b)
Raumentwicklungsbericht 2005, Bern, http://www.are.admin.ch.

ARE (2005c)
Änderung des Raumplanungsgesetzes (Flankierende Massnahmen zur
Aufhebung des Bundesgesetzes über den Erwerb von Grundstücken
durch Personen im Ausland), Bern, http://www.are.admin.ch.

Backhaus, K. et al. (2000)
Multivariate Analysemethoden: Eine anwendungsorientierte
Einführung, 9. Auflage, Berlin.

BAK (2004)
Inventar der schützenswerten Ortsbilder der Schweiz ISOS,
http://www.isos.ch.

Basler Ausschuss für Bankenaufsicht (2003)
Die Neue Basler Eigenkapitalvereinbarung: 3. Konsultationspapier,
Basel.

Behring, K. und I. Helbrecht (2002)
Wohneigentum in Europa, Hrsg.: *Wüstenrot Stiftung*, Ludwigsburg.

Bender, A. R., B. Gacem und M. Hoesli (1994)
Construction d'indices immobiliers selon l'approche hédoniste, in:
Finanzmarkt und Portfoliomanagement, 8. Jg., Nr. 4, S. 522-533.

Bender, A. R. et al. (1996)
An Analysis of Perceptions Concerning the Environmental Quality of
Housing in Geneva, *Université de Genève, HEC, Les cahiers de
recherche 1996.18.*

Bender, A. R. und M. Hoesli (1999)
Indices et évaluation de l'immobilier: développements récents,
Université de Genève, HEC, Les cahiers de recherche 1999.09.

BFS (2005a)
Eidgenössische Volkszählung 2000, Neuchâtel,
http://www.bfs.admin.ch.

BFS (2005b)
Eidgenössische Volkszählung 2000: Die Raumgliederungen der
Schweiz, Neuchâtel.

BGE 103 1a 103 (1977)
22. Urteil vom 26. Mai 1977 i. S. X. gegen Verwaltungsgericht des
Kantons Graubünden.

BGE 124 I 145 (1998)
19. Urteil der II. öffentlichrechtlichen Abteilung vom 20. März 1998 i.
S. Scherr Niklaus und Mieterinnen- und Mieterverband Zürich gegen
Kanton Zürich (staatsrechtliche Beschwerde).

BGE 128 I 240 (2002)
24. Auszug aus dem Urteil der II. öffentlichrechtlichen Abteilung i. S.
Scherr Niklaus, Mieterinnen und Mieterverband Zürich gegen
Kantonsrat des Kantons Zürich (staatsrechtliche Beschwerde).

Bignasca, F. et al. (1996)
Immobilienmarkt Zürich: Immobilienpreise und Bauinvestitionen unter
der Lupe, Hrsg.: *Zürcher Kantonalbank*, Zürich.

BJ (2005)
Erwerb von Grundstücken durch Personen im Ausland: Merkblatt,
Bern.

Bohley, P. (1998)
Formeln, Rechenregeln, EDV und Tabellen zur Statistik, 7. Auflage,
München, Wien.

Bourassa, S. C. und V. S. Peng (1999)
Hedonic Prices and House Numbers: The influence of Feng Shui, in:
International Real Estate Review, Vol. 2, Nr. 1.

Bourassa, S. C., M. Hoesli und J. Sun (2003)
The Price of Aesthetic Externalities, *Université de Genève, FAME,
Research Paper Nr. 98.*

Bourassa, S. C. E. Cantoni und M. Hoesli (2005)
Spatial Dependence, Housing Submarkets and House Prices,
Université de Genève, FAME, Research Paper Nr. 151.

Boyle M. A. und K. A. Kiel (2001)
A Survey of House Price Hedonic Studies of the Impact of
Environmental Externalities, in: *Journal of Real Estate Literature*, Vol.
9, Nr. 2, S. 117-144.

BPUK (2004)
Vereinheitlichung (Harmonisierung) der Baubegriffe und Messweisen,
Zürich.

Brutschin, S. (2005)
Die Überwälzung von Mehrleistungen auf den Mietpreis; neuere
Rechtsprechung und Gedanken zur Anwendung von Art. 14 Abs. 1
VMWG, in: *Mietrechtspraxis*, Nr. 3, S. 129-148.

Bühlmann, B. (2005)
Den Bau von Zweitwohnungen eindämmen, in: *Tages-Anzeiger* vom
13. Januar 2005, Zürich.

BWO und BFS (2005)
Wohnen 2000: Detailauswertung der Gebäude- und
Wohnungserhebung, *Schriftenreihe Wohnungswesen*, Band 75,
Grenchen.

Canonica, F. (2000)
Schätzerlehrgang Grundwissen: Die Immobilienschätzung, Hrsg.
Schweiz. Immobilienschätzer-Verband, Bern.

Case, B. et al. (2004)
Modelling Spatial and Temporal House Price Patterns: A Comparison
of Four Models, in: *The Journal of Real Estate Finance and Economics*,
Vol. 29, Nr. 2, S. 167-191.

Chow, G. (1960)
Tests of Equality Between Sets of Coefficients in Two Linear
Regressions, in: *Econometrica*, Vol. 28, S. 591-605.

Clapp, J. M. (2004)
A Semiparametric Method for Estimating Local House Price Indices,
in: *Real Estate Economics*, Vol. 32, Nr. 1, S. 127- 160.

Cleveland, W. S. (1979)
Robust Locally Weighted Regression and Smoothing, in: *Journal of the
American Statistics Association*, Vol. 74, S. 829-836.

Cleveland, W. S. (1981)
LOWESS: A program for smoothing scatterplots by robust locally
weighted regression, in: *The American Statistician*, Vol. 35, S. 54.

Court, A. T. (1939)
Hedonic Price Indexes With Automotive Examples, in: *The Dynamics of Automobile Demand*, Hrsg.: General Motors, New York.

Cox, T. F. und M. A. A. Cox (1994)
Multidimensional Scaling, Monographs on Statistics and Applied Probability 59, London.

Credit Suisse und Tribut (2005)
Steuerbelastung 2004 nach Gemeinden.

Din, A., M. Hoesli und A. Bender (2001)
Environmental Variables and Real Estate Prices, *Université de Genève, HEC, Research Paper 2001.04.*

EBK (1992)
Bulletin, Heft 22, Bern, S. 27-32.

Ekeland, I., J. P. Heckman und L. P. Nesheim (2003)
Identification and estimation of hedonic models, *NBER* Working Paper 9910.

Fahrländer, S. (2001a)
Hedonische Handänderungspreisindizes: Konzeption und Methodik, Hrsg.: *Wüest&Partner*, Zürich.

Fahrländer, S. (2001b)
Performance von Wohneigentum, in: Immo-Monitoring 2002, Band I, Wohnungsmarkt, Hrsg.: *Wüest&Partner*, Zürich.

Fahrländer, S. und U. Hausmann (2001)
Ronco ist nicht Zug, Zug ist nicht Genf: Grosse Unterschiede in der regionalen Wertentwicklung von Wohneigentum, in: *Neue Zürcher Zeitung*, 221. Jg., Nr. 151, S. B13, Zürich.

Fahrländer, S. (2003)
Auswirkungen von „Basel II", in: Immo-Monitoring 2004, Band 1: Analysen & Prognosen, Fokus Wohnungsmarkt, Hrsg.: *Wüest&Partner*, Zürich, S. 55-61.

Fahrländer, S. (2005)
Das Risiko liegt in der Peripherie: Das ländliche Durchschnittshaus als Auslaufmodell? in: *Neue Zürcher Zeitung*, 225. Jg., Nr. 258, S. 77, Zürich.

Farago, P. und J. Scheidegger (1988)
Einflussfaktoren auf Bodenpreise in der Bauzone: Untersuchung am Beispiel von Freihandverkäufen unüberbauten Baulandes im Kanton Zürich in den Jahren 1985 und 1980, Hrsg.: *NFP 21*, Liebefeld-Bern.

Fierz, K. (2001)
Wert und Zins bei Immobilien: Lehre und Praxis der Anlagen- und Immobilienbewertung, *SVIT – Schriftenreihe der Treuhandkammer*, Band 56, 4. Auflage, Zürich.

Fierz, K. (2005)
Der Schweizer Immobilienwert, 5. vollständig überarbeitete und erweiterte Auflage, Zürich.

Fröhlich, P. und K. W. Axhausen (2004)
Sensitivity of accessibility measurements to the underlying transport network model, *Arbeitsberichte Verkehrs- und Raumplanung der ETH Zürich*, Nr. 245.

Gasser, T. (2003)
Nonparametric Function Estimation: Skript zum Block RG-2e des Nachdiplomkurses in angewandter Statistik 7 der ETH Zürich, Hrsg.: *Seminar für Statistik der ETH Zürich*, Zürich.

Glaeser, E. L. und J. Gyourko (2004)
Urban Decline and Durable Housing, Draft vom 3. August 2004, http://post.economics.harvard.edu/faculty/glaeser.

Green Basketball (o. J.)
http://www.green-basketball.de/hedonismus.htm.

Greene, W. H. (1997)
Econometric Analysis, third edition, London u.a..

Haas, G. C. (1922)
Sales Prices as a Basis for Farm Land Appraisal, Technical Bulletin Nr. 9, Hrsg.: *The University of Minnesota Agricultural Experiment Station*, St. Paul.

Hampel, F. R. (1985)
The breakdown points of the mean combined with some rejection rules, in: *Techonometrics*, Vol. 27, No. 2, S. 95-107.

Hampel F. R. et al. (1986)
Robust Statistics: The Approach Based on Influence Functions, New York.

Hampel, F. (1995)

Wozu brauchen wir robuste Statistik? *Seminar für Statistik, Eidgenössische Technische Hochschule Zürich*, Research Report Nr. 75, Zürich.

Harding, J. P., J. R. Knight und C. F. Sirmans (2003)

Estimating Bargaining Effects in Hedonic Models: Evidence from the Housing Market, in: *Real Estate Economics*, Vol. 31, Nr. 4.

Hastie, T., R. Tibshirani und J. Friedman (2001)

The Elements of Statistical Learning: Data Mining, Inference and Prediction, New York.

HEV Schweiz (verschiedene Jahre)

Der Liegenschaftsmarkt, Zürich.

Hoesli, M., B. Gacem und A. R. Bender (1993)

Estimating the Value of Swiss Residential Real Estate, in: *Swiss Journal of Economics and Statistics*, Vol. 129, Nr. 4, S. 673-687.

Hoesli, M., P. Favarger und C. Ciacotto (1997)

Real Estate Price Indices and Performance, in: *Swiss Journal of Economics and Statistics*, Vol. 133, S. 29-48.

Hulliger, B. (2004)

Einführung in die Methoden der Stichprobenerhebungen: Skript und Übungen zum Block SAM des Nachdiplomkurses in angewandter Statistik 8 der ETH Zürich, Hrsg.: *Seminar für Statistik der ETH Zürich*, Zürich.

IAZI (2004)

Preisindizes für Einfamilienhäuser und Stockwerkeigentum, Bülach, http://www.iazi.ch.

Joye, D. et al. (1988)

Typologie der Gemeinden der Schweiz, Hrsg.: *BFS*, Bern.

Kanton Bern (2001)

Wegleitung zum Ausfüllen der Steuererklärung für Grundstückgewinn: Grundstückveräusserungen ab 1. 1. 2001, Hrsg.: Steuerverwaltung des Kantons Bern, Abteilung Grundstückgewinnsteuer, Bern.

Kanton Bern (2005)

Steuerjahr 2005: Gemeinde- und Kirchgemeindedaten, http://www.fin.be.ch.

Kanton Zürich (1997)

Steuergesetz des Kantons Zürich, Zürich.

Kanton Zürich (1999)
Verordnung über die nähere Umschreibung der Begriffe und Inhalte der baurechtlichen Institute sowie über die Mess- und Berechnungsweisen (Allgemeine Bauverordnung), 700.2, Zürich.

Kanton Zürich (2002)
Planungs- und Baugesetz (PBG), 700.1, Zürich.

Kinoshita, T. (1987)
Working Hours and Hedonic Wages in the Market Equilibrium, in: *Journal of Political Economy*, Vol. 95, S. 1262-1277.

Kleiber, W., J. Simon und G. Weyers (2002)
Verkehrswertermittlung von Grundstücken: Kommentar und Handbuch zur Ermittlung von Verkehrs-, Versicherungs- und Beleihungswerten unter Berücksichtigung von WertV und BauGB, 4. vollständig neu bearbeitete und erweiterte Auflage, Köln.

Lancaster, K. J. (1966)
A New Approach to Consumer Theory, in: *Journal of Political Economy*, Vol. 74, S. 132-157.

Lucas, R. E. B. (1975)
Hedonic Price Functions, in: *Economic Inquiry*, Vol. 13, S. 157-177.

Lucas, R. E. B. (1977)
Hedonic Wage Equations and Physic Wages in the Returns to Schooling, in: *American Economic Review*, Vol. 67, S. 549-558.

Mächler, M. (2004)
Multivariate Statistik II – Explorative Methoden: Skript und Übungen zum Block MU-2b des Nachdiplomkurses in angewandter Statistik 8 der ETH Zürich, Hrsg.: *Seminar für Statistik der ETH Zürich*, Zürich.

Maclennan, D. (1977)
Some Thoughts on the Nature and Purpose of Hedonic Price Functions, in: *Urban Studies*, Vol. 14, S. 59-71.

Malpezzi, S. (2002)
Hedonic Pricing Models: A Selective and Applied Review, prepared for *Housing Economics*: Essays in Honor of Duncan Maclennan, http://www.bus.wisc.edu/realestate.

Maurer, R., M. Pitzer und S. Sebastian (2000)
Konstruktion transaktionsbasierter Immobilienpreisindizes:
Theoretische Grundlagen und empirische Umsetzung für den
Wohnungsmarkt in Paris, Frühere Fassung von: Hedonic price indices
for the Paris housing market, in: *Allgemeines Statistisches Archiv*, Vol.
88, 2004, S. 303-326.

McMillen, D. P. und J. McDonald (2004)
Reaction of House Prices to a New Rapid Transit Line: Chicago's
Midway Line, 1983-1999, in: *Real Estate Economics*, Vol. 32, Nr. 3, S.
463-486.

Mok, H. M. K., P. P. K. Chan und Y.-S. Cho (1995)
A Hedonic Price Model for Private Properties in Hong Kong, in:
Journal of Real Estate Finance and Economics, Nr. 10, S. 37-48.

Murray, J. und N. Sarantis (1999)
Price-Quality Relations and Hedonic Price Indexes for Cars in the
United Kingdom, in: *International Journal of the Economics of
Business*, Vol. 6, Nr. 1, S. 5-27.

Naegeli, W. und H. Wenger (1997)
Der Liegenschaftenschätzer, 4. vollständig überarbeitete Auflage,
Zürich.

Neff, M. und P. Rauh (2005)
Spotlight: Immobilienblase in der Schweiz?, Hrsg.: *Credit Suisse
Economic Research*, Zürich.

Nelson, J. (2003)
Meta-Analysis of Airport Noise and Hedonic Property Values:
Problems and Prospects, erscheint in: *Journal of Transport Economics
and Policy*, http://www.stat.lsa.umich.edu.

NZZ (2005a)
Zu hohe Bauzonenreserven: Ergebnis einer Umfrage bei den
Kantonen, in: *Neue Zürcher Zeitung*, 226. Jg., Nr. 225, S. 14, Zürich.

NZZ (2005b)
Keine Immobilienpreisblase in der Schweiz: Lokal deutliche
Preissteigerungen bei Eigenheimen, in: *Neue Zürcher Zeitung*, 226. Jg.,
Nr. 285, S. 25, Zürich.

Otha, M. und Z. Griliches (1975)
Automobile Prices Revisited: Extensions of the Hedonic Price
Hypothesis, in: Terleckyj, N. E. (Hrsg.), *Household Production and
Consumption*, Studies in Income and Wealth, Vol. 40, S. 325-398,
Chicago.

R Development Core Team (2004)
R: A language and environment for statistical computing, Hrsg.: *R
Foundation for Statistical Computing*, http://www.R-project.org.

Rosen, S. (1974)
Hedonic Prices and Implicit Markets: Product Differentiation in Pure
Competition, in: *Journal of Political Economy*, Vol. 82, S. 34-55.

Rousseeuw, P. J. und A. M. Leroy (2003)
Robust Regression & Outlier Detection, New York.

Ruckstuhl, A. (2004)
Einführung in die robusten Schätzmethoden: Skript und Übungen zum
Block RG-2d des Nachdiplomkurses in angewandter Statistik 8 der
ETH Zürich, Hrsg.: *Seminar für Statistik der ETH Zürich*, Zürich.

Salvi, M., P. Schellenbauer und H. Schmidt (2004)
Preise, Mieten und Renditen: Der Immobilienmarkt transparent
gemacht, Hrsg.: *Zürcher Kantonalbank*, Zürich.

Schuler, M. und D. Joye (2004)
Typologie der Gemeinden der Schweiz: 1980-2000, Hrsg.: *BFS*,
Neuchâtel.

Schwann, G. M. (1998)
A Real Estate Price Index for Thin Marktes, in: *Journal of Real Estate
Finance and Economics*, Vol. 16, Nr. 3, S. 269-287.

Scognamiglio, D. (2000)
Methoden zur Immobilienbewertung im Vergleich: Eine empirische
Untersuchung für die Schweiz, Dissertation, Bern.

Scognamiglio, D. (2002)
Methoden zur Immobilienbewertung, Hrsg.: *HEV Schweiz*, Zürich.

SVKG und SEK/SVIT (2005)
Schätzerhandbuch, Bewertung von Immobilien, Chur.

SIA (1952)
Normalien für die Ausführung von Bauarbeiten Nr. 116: Normalien für
kubische Berechnungen von Hochbauten, Zürich.

SIA (2003)
Schweizer Norm 504 416: Flächen und Volumen von Gebäuden, Zürich.

Sirmans, G. S., D. A. Macpherson und E. N. Zietz (2005)
The composition of Hedonic Pricing Models, in: *Journal of Real Estate Literature*, Vol. 13, Nr. 1, S. 3-43.

Smith, A. (1878)
Untersuchungen über das Wesen und die Ursachen des Volkswohlstandes, übersetzt von F. Stölpel, Erster Band, Berlin.

SNB (2005)
Die Banken in der Schweiz, Zürich, http://www.snb.ch.

SNB (2006)
Statistisches Monatsheft, Zürich, http://www.snb.ch.

Springer, T. M. (1996)
Single-Family Housing Transactions: Seller Motivations, Price, and Marketing Time, in: *Journal of Real Estate Finance and Economics*, Vol. 13, S. 237-254.

SR 101 (1999)
Bundesverfassung der Schweizerischen Eidgenossenschaft, Bern.

SR 210 (1907)
Schweizerisches Zivilgesetzbuch (ZGB), Bern.

SR 211.412.41 (1983)
Bundesgesetz über den Erwerb von Grundstücken durch Personen im Ausland (BewG), Bern.

SR 211.412.411 (1984)
Verordnung über den Erwerb von Grundstücken durch Personen im Ausland (BewV), Bern.

SR 700 (1979)
Bundesgesetz über die Raumplanung (RPG), Bern.

SR 700.1 (2000)
Raumplanungsverordnung (RPV), Bern.

SR 842 (2003)
Bundesgesetz über die Förderung von preisgünstigem Wohnraum (WFG), Bern.

SR 842.1 (2003)
Verordnung über die Förderung von preisgünstigem Wohnraum (WFV), Bern.

SR 843 (1974)
Wohnbau- und Eigentumsförderungsgesetz (WEG), Bern.
SR 843.1 (1981)
Verordnung zum Wohnbau- und Eigentumsförderungsgesetz (VWEG), Bern.
Stahel, W. A. (2002)
Statistische Datenanalyse: Eine Einführung für Naturwissenschaftler, 4. Auflage, Braunschweig, Wiesbaden.
Thalmann, P. (1987)
Explication Empirique des Loyers Lausannois, in: *Schweizerische Zeitschrift für Volkswirtschaft und Statistik*, Vol. 31, Nr. 1, S. 1-22.
Vrtic, M. et al. (2005)
Erzeugung neuer Quell-/Zielmatrizen im Personenverkehr, Bericht an die Bundesämter für Raumentwicklung, für Strassen und für Verkehr, IVT ETH Zürich, Emch und Berger und TU Dresden, Zürich.
Wallace, H. A. (1926)
Comparative Farmland Values in Iowa, in: *Journal of Land and Public Utility Economics*, Vol. 2, S. 385-392.
Wallace, N. E. (1996)
Hedonic-Based Price Indexes for Housing: Theory, Estimation and Index Construction, in: *FRBSF Economic Review*, Nr. 3.
Waugh, F. V. (1928)
Quality Factors Influencing Vegetable Prices, in: *Journal of Farm Economics*, Vol. 10, Nr. 2, S. 185-196.
Wikipedia (o. J.)
Die freie Enzyklopädie, http://de.wikipedia.org/wiki/Hauptseite.
Wolverton, M. L. und J. Senteza (2000)
Hedonic Estimates of Regional Constant Quality House Prices, in: *JRER*, Nr. 3.
Wüest&Partner (2002)
Bewertungsfunktionen für Wohneigentum: Hauptdomizil, Ferien- und Zweitwohnungen: Grundlagen/Variablendefinition/Glossar/Ergebnisse, Zürich.
Wüest&Partner (2004a)
Umfrage betreffend Definition der Gebäudevolumen bei den kantonalen Gebäudeversicherungen, Zürich.

Wüest&Partner (2004b)
Transaktionspreisindex, Zürich, http://www.wuestundpartner.com.

Yohai, V., W. A. Stahel und R. H. Zamar (1991)
A procedure for robust estimation and inference in linear regression, in: *Directions in Robust Statistics and Diagnostics*, Part II, Vol. 34, Hrsg.: *Stahel W. und S. Weisberg*, IMA Volumes in Mathematics and its Applications, New York, S. 365-374.

Zinniker, G. (2004)
Erwerb von Ferienwohnungen durch Personen im Ausland in der Schweiz im Jahre 2003, in: *Die Volkswirtschaft*, 77. Jahrgang, Nr. 12, S. 56-58.

Zinniker, G. (2005)
Erwerb von Ferienwohnungen durch Personen im Ausland in der Schweiz im Jahre 2004, in: *Die Volkswirtschaft*, 78. Jahrgang, Nr. 12, S. 63-65.

ZKB – Zürcher Kantonalbank (2004)
Wohnen/Immobilien: Immobilienpreisindex, Zürich, http://www.zkb.ch.

Zuberbühler, D. (2005)
Basel II für die Schweiz: Überblick, Referat anlässlich des Seminars Basel II: Schweizerische Umsetzung auf der Zielgeraden vom 29. September 2005, Kongresszentrum, MCH Messe Basel, http://www.ebk.admin.ch.

Anhang

A I: Regionale Abgrenzungen

Gemeinden und Kantone

Im Gründungsjahr des Bundesstaates 1848 zählte die Schweiz 3'203 Gemeinden, deren Zahl bis Mitte des zwanzigsten Jahrhunderts nur unwesentlich abgenommen hat. Aufgrund von Vereinigungen – es erfolgten auch einige wenige Auftrennungen von Gemeinden[125] – hat die Zahl der Gemeinden bis Ende 1980 auf 3'029 bzw. bis Ende 1990 auf 2'915 Gemeinden abgenommen. Per Ende 2000 wies die Schweiz noch 2'896 Gemeinden auf. Die vorliegende Arbeit basiert auf dem Stand der Gemeindedatei des BFS per 31. Dezember 2004 (2'780 Gemeinden).

Daneben hat auch die Kantonszugehörigkeit einzelner Gemeinden bzw. ganzer Landstriche seit 1980 Veränderungen erfahren. Beispiele dazu sind der Wechsel der Gemeinde Vellerat vom Kanton Bern zum Kanton Jura per 1.7.1996 oder der Wechsel des Laufentals vom Kanton Bern zum Kanton Basel-Landschaft im Jahr 1994.

Ortschaften, Stadtkreise und -quartiere

Aus der Kombination der 2'780 Gemeinden sowie von 3'823 verwendeten PLZ konnte die Gemeindeliste insbesondere in den Städten, einigen grossen Ortschaften sowie touristischen Regionen auf insgesamt 2'910 Stadtkreise und Ortschaften erweitert werden.

Insbesondere in den fünf Grosszentren kann dabei auf Abgrenzungen der statistischen Ämter zurückgegriffen werden. Die Abgrenzung in den Zentren Zürich, Genève, Basel, Bern und Lausanne zeigt Tabelle A1.

---

[125] Z.B. Auftrennung der Gemeinde Rubigen in Rubigen, Allmendingen und Trimstein im Jahr 1993.

Nr.	Zürich	Nr.	Genève	Nr.	Basel
1	Kreis 1	1	Gare	1	Innenstadt
2	Kreis 2	2	ONU	2	Breite/St. Alban
3	Kreis 3	3	Charmilles/St. Jean	3	Gundeldingen
4	Kreis 4	4	Centre	4	Bachletten/Gotthelf
5	Kreis 5	5	Plainpalais	5	Iselin
6	Kreis 6	6	Champel	6	St. Johann
7	Kreis 7	7	Eaux Vives/Vollandes	7	Kreis 7
8	Kreis 8	8	Florissant/Malagnou	8	Kleinbasel Ost
9	Kreis 9	9	Petit-Saconnex	9	Bruderholz
10	Kreis 10				
11	Kreis 11	Nr.	Bern	Nr.	Lausanne
12	Kreis 12	1	Innere Stadt	1	Centre
13	Witikon	2	Länggasse/Felsenau	2	Sud
		3	Mattenh./Weissenbühl	3	Ouest
		4	Kirchenfeld/Schossh.	4	Nord
		5	Breitenrain/Lorraine	5	Nord-Est
		6	Bümpliz/Oberbottigen	6	Est

Tabelle A1: Abgrenzung der Stadtkreise in den fünf Grosszentren
Quelle: BFS (2005b, S. 141ff.), statistische Ämter, Auskünfte der Schweizerischen
Post, eigene Auswertungen und Zuordnungen.

Neben den fünf Grosszentren erscheint es weiter sinnvoll, die Städte Winterthur, St. Gallen, Luzern, Lugano, Biel/Bienne, Thun sowie die Grossgemeinde Köniz im Rahmen der Möglichkeiten sinnvoll zu unterteilen. Zudem werden wichtige Ortschaften des Mittellandes sowie in touristischen Regionen als eigenständige Einheiten, neben der politischen Gemeinde geführt.[126]

Nr.	Winterthur	Nr.	St. Gallen	Nr.	Luzern
1	Seen	1	Zentrum	1	Zentrum/West
2	Oberwinterthur/Hegi	2	Nord	2	Nord
3	Töss	3	West	3	Ost
4	Veltheim/Wülflingen			4	Südwest
5	Sennhof				

Nr.	Lugano	Nr.	Köniz	Nr.	Lauterbrunnen
1	Breganzona	1	Wabern/Spiegel	1	Wengen
2	Centro	2	Köniz/Liebefeld	2	Mürren
3	Sud	3	Schliern/Gasel	3	Lauterbrunnen
4	Monte Brè	4	Niederscherli/Mittelhäusern		
5	Gandria	5	Niederwangen		
		6	Oberwangen		
		7	Thörishaus		

Tabelle A2: Abgrenzungen in Mittelzentren und Grossgemeinden
Quelle: BFS (2005b, S. 141ff.), statistische Ämter, Auskünfte der Schweizerischen Post, eigene Auswertungen und Zuordnungen.

---

[126] Als Beispiel ist die Gemeinde Lauterbrunnen aufgeführt, die neben dem Ort Lauterbrunnen sowie einigen Weilern im Talboden auch die Tourismusorte Wengen und Mürren umfasst.

Gemeindetypologie BFS
Klassifikation der Gemeinden der Schweiz in 22 Typen gemäss Zentren-Peripherie-Modell nach Joye et al. (1988) nach der revidierten Nomenklatur nach Schuler und Joye (2004).

Nr.	Typ nach Nomenklatur 2000	Nr.	Typ nach Nomenklatur 2000
1	Grosszentren	12	Arbeitsplatzgemeinden nicht-metropolitaner Regionen
2	Mittelzentren	13	Suburbane Gemeinden nicht-metropolitaner Regionen
3	Kleinzentren	14	Periurbane Gemeinden nicht-metropolitaner Regionen
4	Periphere Zentren	15	Wegpendlergemeinden mit hoher Zuwanderung
5	Einkommensstarke Gemeinden	16	Wegpendlergemeinden mit schwacher Zuwanderung
6	Touristische Gemeinden	17	Industriell-tertiäre Gemeinden
7	Semitouristische Gemeinden	18	Industrielle Gemeinden
8	Gemeinden mit Heimen und Institutionen	19	Agrar-industrielle Gemeinden
9	Arbeitsplatzgemeinden metropolitaner Regionen	20	Agrar-tertiäre Gemeinden
10	Suburbane Gemeinden metropolitaner Regionen	21	Agrarische Gemeinden
11	Periurbane Gemeinden metropolitaner Regionen	22	Gemeinden mit hohem Bevölkerungsrückgang

Tabelle A3: Namen der 22 Gemeindetypen
Quelle: Joye et al. (1988) sowie Schuler und Joye (2004).

Zusammenfassung zu acht Gemeindetypen

Nr.	Typ	Nr.	Typ
1	Grosszentren	5	Äussere Agglomerationen Grosszentren und andere Agglomerationsgemeinden
2	Mittelzentren	6	Tourismuszentren
3	Klein- und Peripheriezentren	7	Halbtouristische Gebiete
4	Innere Agglomerationen Grosszentren	8	Ländliche Gebiete

Tabelle A4: Namen der acht Gemeindetypen
Quelle: Eigene Zusammenfassung.

Die 40 Index-Gebiete
Zur Konstruktion der Preisindizes werden je nach Datenlage grössere bzw. feinere Regionen – Index-Gebiete – gebildet. In den Agglomerationen sind die Index-Gebiete üblicherweise Aggregate einiger weniger Gemeinden, in ländlichen, peripheren Regionen müssen teilweise Dutzende von Gemeinden zusammengefasst werden um überhaupt eine Aussage machen zu können.

Nr.	Typ	Nr.	Typ
1	Stadt Genève	21	Glattal/Furttal
2	Agglomeration Genève	22	Agglomeration Winterthur
3	Stadt Lausanne	23	Limmattal
4	Agglomeration Lausanne	24	Knonaueramt/Mutschellen
5	Agglomeration Vevey/Montreux	25	Zimmerberg
6	Urbane Region Unterwallis	26	Pfannenstiel
7	Agglomeration Brig	27	Zürcher Oberland
8	Agglomeration Fribourg/Bulle	28	Zürcher Unterland
9	Übrige Westschweiz	29	Urbane Region Obersee
10	Stadt Bern	30	Urbane Region St. Gallen/ Bodensee
11	Agglomeration Bern	31	Agglomeration Rheintal/Chur
12	Urbane Region Biel/Neuchâtel	32	Agglomeration St. Moritz
13	Agglomeration Thun/Interlaken	33	Übrige Ostschweiz
14	Agglomeration Basel	34	Urbane Region Magadino
15	Urbane Region Aarau/Olten/Solothurn	35	Urbane Region Lugano
16	Agglomeration Luzern/Zug/Stans	36	Ländliche Südschweiz
17	Agglomeration Baden	37	Tourismusregion Voralpen
18	Übriges Mittelland	38	Tourismusregion Wallis
19	Agglomeration Schaffhausen	39	Tourismusregion West
20	Stadt Zürich	40	Tourismusregion Ost

Tabelle A5: Namen der Index-Gebiete
Quelle: Eigene Regionalisierung basierend auf den Gemeindetypologien 1990 und 2000 sowie der VZ 2000.

Die 14 Index-Regionen

Die 40 Indexgebiete werden für gewisse räumliche Analysen zu 14 Regionen zusammengefasst, die auch als sinnvolle Abgrenzungen für höher aggregierte Benchmark-Indizes dienen könnten (Tab. A6).

Nr.	Wohneigentums-Region	Abgrenzung
1	Agglomeration Genfersee (168)	Agglomerationen Genève, Lausanne, Vevey/Montreux
2	Urbane Westschweiz (50)	Kleine und mittlere Agglomerationen
3	Ländliche Westschweiz (475)	Übrige Gemeinden der Westschweiz
4	Agglomeration Mittelland (94)	Agglomerationen Fribourg, Bern und Thun
5	Agglomeration Basel (79)	Agglomeration Basel gemäss VZ 2000
6	Agglomeration Zentralschweiz (36)	Agglomerationen Luzern, Zug und Stans
7	Urbanes Mittelland (170)	Kleine und mittlere Agglomerationen
8	Ländliches Mittelland (760)	Übrige Gemeinden im Mittelland und in den Voralpen
9	Agglomeration Zürich (133)	Agglomeration gemäss VZ 2000
10	Urbane Ostschweiz (129)	Kleine und mittlere Agglomerationen
11	Ländliche Ostschweiz (375)	Übrige Gemeinden der Ostschweiz
12	Agglomeration Südschweiz (131)	Agglomerationen des Kantons Ticino
13	Ländliche Südschweiz (123)	Übrige Gemeinden des Kantons Ticino und der Mesolcina
14	Tourismusregionen (142)	Tourismusgemeinden exklusive Ticino

Tabelle A6: Namen der Regionen
Quelle: Eigene Regionalisierung basierend auf den Gemeindetypologien 1990 und 2000 sowie der VZ 2000. Die Zahl in Klammern bezeichnet die Anzahl Gemeinden in der Region.

A II – Volumendefinitionen der kantonalen GVA

Kanton	Geltende Volumendefinitionen	Umstellung auf SIA 416
AG	SIA 116	Bis ca. 2010
AI	Keine öffentlich-rechtliche Gebäudeversicherung	
AR	SIA 116	Bis ca. 2010
BL	Volumen ohne Zuschläge, Bauten mit Baujahr ab 1994: SIA 116	Eingeführt. Bisher nur bei wenigen Neubauten zur Anwendung gelangt
BS	SIA 116	Einführung noch unklar
BE	Volumen ohne Zuschläge	Volumen entspricht weitgehend SIA 416
FR	SIA 116	Noch nicht vorgesehen
GE	Keine öffentlich-rechtliche Gebäudeversicherung	
GL	SIA 116	Zeitplan noch unklar
GR	SIA 116	Bei Neubauten bereits eingeführt
JU	Volumen ohne Zuschläge	Volumen entspricht weitgehend SIA 416
LU	SIA 116	Zeitplan noch unklar
NE	Volumen ohne Zuschläge	Volumen entspricht weitgehend SIA 416
NW	SIA 116	Zeitplan noch unklar
OW	Keine öffentlich-rechtliche Gebäudeversicherung	
SH	SIA 116	Bis ca. 2010
SO	Volumen ohne Zuschläge	Volumen entspricht weitgehend SIA 416
SG	Volumen ohne Zuschläge. Teilweise auch SIA 116	Eingeführt. Bisher nur bei wenigen Neubauten zur Anwendung gelangt
SZ	Keine öffentlich-rechtliche Gebäudeversicherung	
TG	SIA 116	Zeitplan noch unklar
TI	Keine öffentlich-rechtliche Gebäudeversicherung	
UR	Keine öffentlich-rechtliche Gebäudeversicherung	
VD	Volumen ohne Zuschläge	Volumen entspricht weitgehend SIA 416
VS	Keine öffentlich-rechtliche Gebäudeversicherung	
ZG	Volumen ohne Zuschläge	Volumen entspricht weitgehend SIA 416
ZH	Volumen ohne Zuschläge	Volumen entspricht weitgehend SIA 416

Tabelle A7: Volumendefinitionen der kantonalen GVA
Quelle: Wüest&Partner (2004a), Naegeli und Wenger (1997, S. 4), eigene Erhebungen.